Jürg Schrammel · Ulrich Tubbesing

Rund um den Zürichsee

mit Zugerland

50 ausgewählte Wanderungen im Zürcher Unter- und Oberland, zwischen Zürichsee, Reuss und Alpenkamm sowie im Zugerland

ROTHER
BERGVERLAG

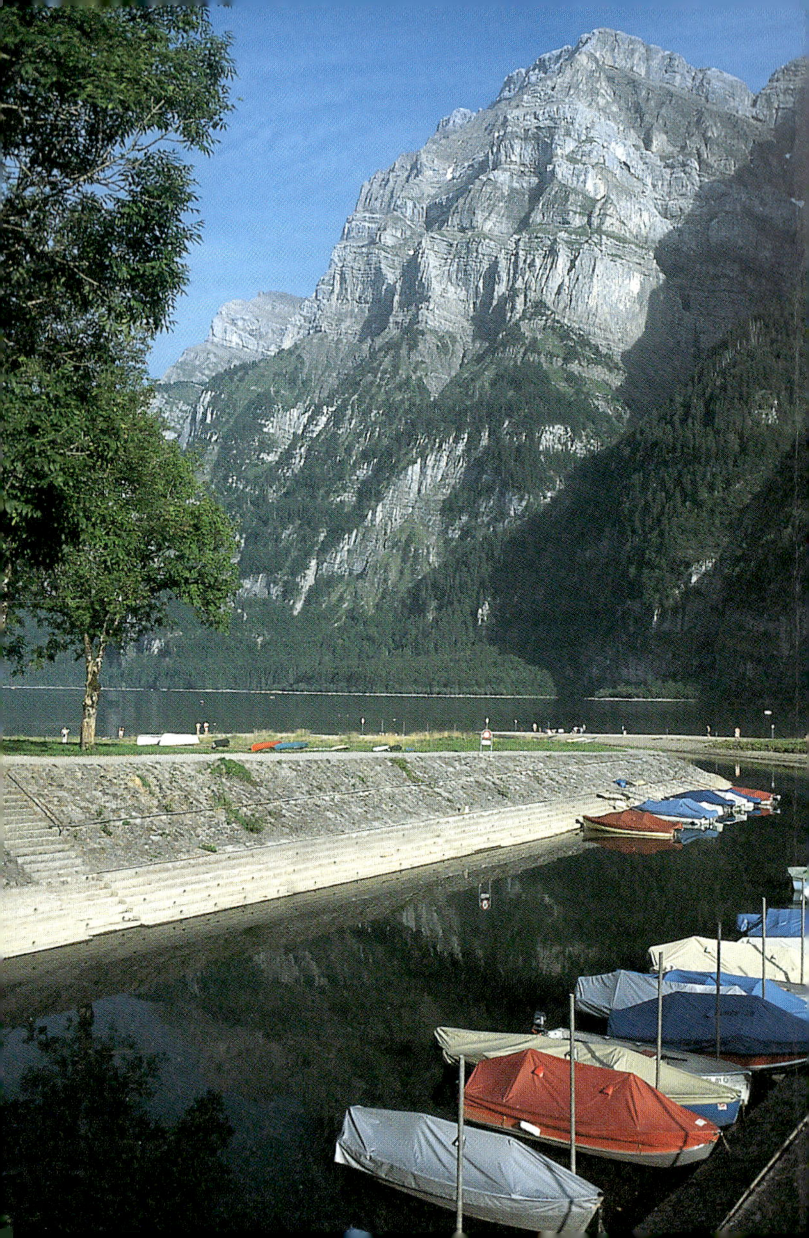

Vorwort

Mit 88 km² Wasserfläche ist der Zürichsee der drittgrößte Schweizer See innerhalb der Landesgrenzen. Seine Länge zwischen Linthzufluss und Limmatabfluss beträgt 39 km. Entstanden ist der See beim letzten eiszeitlichen Vorstoß des Linthgletschers. Lange Zeit verharrte dessen Eiszunge im sogenannten Zürichstadium, das durch die Seitenmoränen Zimmerberg und Pfannenstiel deutlich markiert wird. Vom Kirchhof in Thalwil erhält man den besten Überblick über den lang gestreckten See (Bild S. 67). Viele Jahrhunderte blieb er die einzige Verbindung zwischen Zürich und dem östlichen Hinterland. Erst nach dem Bau der Uferstraßen um 1780 konnten sich die Gemeinden längs der neuen Verkehrsader ausbreiten. Heute beträgt das Einzugsgebiet des Zürichsees fast 2500 km², ein Lebensraum für mehr als eine Million Menschen. Obwohl die Region zu den am dichtesten besiedelten Gebieten der Schweiz zählt, bietet sie zahlreiche naturnahe Erholungszonen mit einer Vielzahl von Freizeitaktivitäten.
Aufgrund seiner nördlichen Alpenrandlage zeigt das Umland des Zürichsees keinen einheitlichen Charakter, sondern öffnet sich, vom See ausgehend, zu ganz unterschiedlichen Landschaftsformen. Während im Nordosten ein bunter Wechsel von bewaldeten Anhöhen, Talsenken, Riedland, Weinhängen und schmucken Dörfern das Bild bestimmt, steigen im Süden kurze Seitentäler zu der vielgestaltigen Gipfelwelt der Voralpen empor. Entsprechend weit gespannt ist die Palette der Wandermöglichkeiten. Sie reicht von ruhigen Uferpromenaden über romantische Tobelstege bis zu aussichtsreichen Kammwegen und luftigen Bergpfaden. Im Norden grenzt das Wandergebiet bis an den Rhein, im Osten an Linthebene und Linthtal, im Süden ans Klöntal und im Westen an Zugersee und Reuss. Dank der hervorragenden Verkehrsadern rings um die Weltstadt Zürich lässt sich jeder Ausgangspunkt rasch und bequem per S-Bahn, Tram, Bus oder Postauto erreichen; zudem garantiert das vorbildlich markierte Wegenetz der Schweizer Wanderwege (www.wandern.ch) ungetrübtes Wandervergnügen in einem reizvollen Spannungsfeld zwischen Natur- und Kulturraum. Aus dem reichen Angebot können die 50 Tourenvorschläge, 37 Rund- und 13 Streckenwanderungen, nur eine repräsentative Übersicht bieten und zu weiteren Unternehmungen anregen.
Ich habe diesen Wanderführer von dem im Jahr 2017 völlig unerwartet verstorbenen Ulrich Tubbesing übernommen, der die Tourenauswahl besorgt und die einzelnen Wanderungen beschrieben hat. Ich habe seitdem alle Touren erwandert und die für die vorliegende Ausgabe notwendigen Aktualisierungen vorgenommen.

Burgdorf, Frühjahr 2022 Jürg Schrammel

Inhaltsverzeichnis

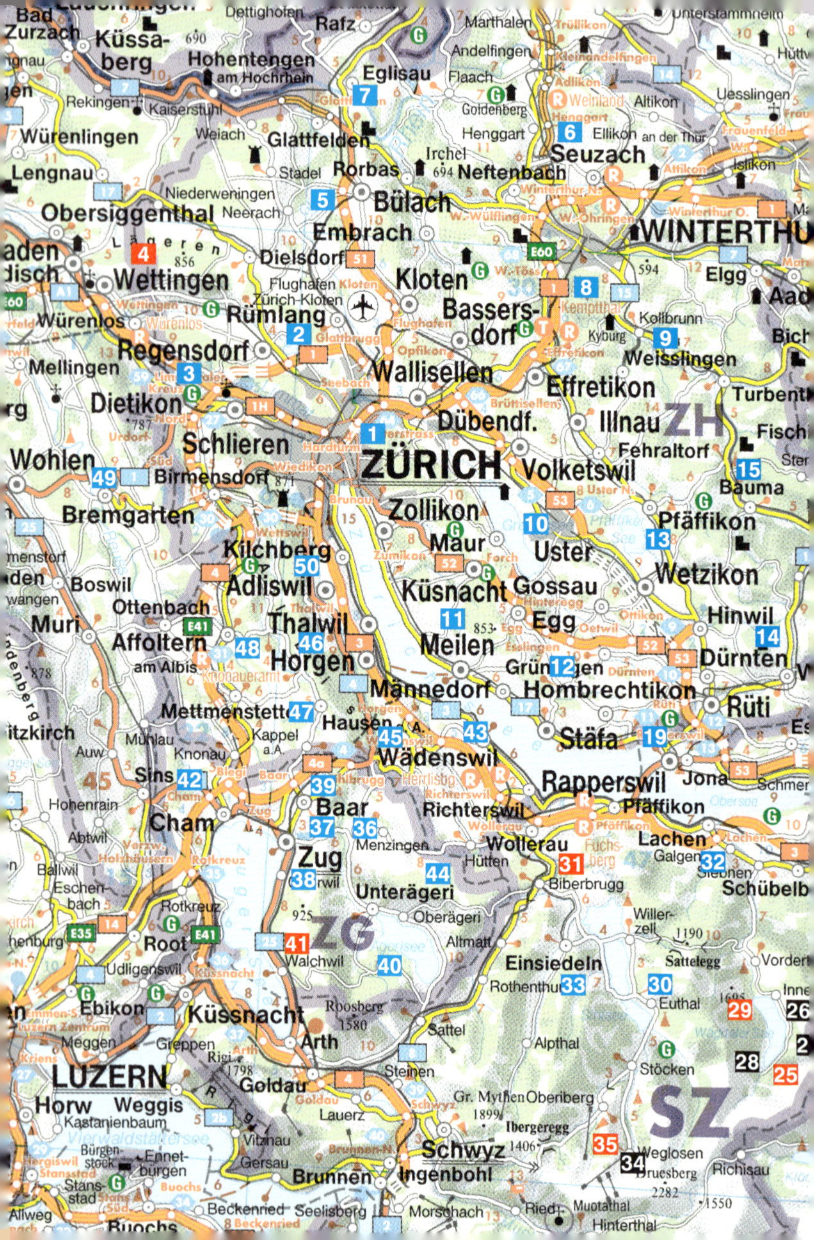

Bad Zurzach
Küssaberg
Dettighofen
Rafz
Marthalen
Hohentengen am Hochrhein
Eglisau
Andelfingen
Flaach
Rekingen
Kaiserstuhl
Goldenberg
Weinland
Altikon
Uesslingen
Würenlingen
Weiach
Glattfelden
Henggart
Ellikon an der Thur
Lengnau
Stadel
Rorbas
Irchel
694
Neftenbach
Seuzach
Islikon
Niederweningen
Obersiggenthal
Neerach
Bülach
Winterthur N.
W.-Wülflingen
W.-Ohringen
Winterthur O.
Embrach
WINTERTHU
Lägeren
856
Dielsdorf
Wettingen
Flughafen Zürich-Kloten
Kloten
594
Elgg
Würenlos
Rümlang
Bassersdorf
Kemptthal
Kollbrunn
Regensdorf
Glattbrugg
Opfikon
Kyburg
Effretikon
Weisslingen
Mellingen
Wallisellen
Effretikon
Turbenthal
Dietikon
Seebach
Brüttisellen
Illnau
ZH
787
Dübendf.
Fischenthal
Schlieren
Fehraltorf
Wohlen
Birmensdorf
ZÜRICH
Volketswil
Bauma
871
Wiedikon
Uster N.
Bremgarten
Zollikon
Pfäffikon
Maur
Uster
Wetzikon
Kilchberg
Boswil
Adliswil
Küsnacht
Gossau
Ottenbach
Egg
Hinwil
Muri
Thalwil
853
Affoltern am Albis
Meilen
Horgen
Grüningen
Dürnten
878
Männedorf
Hombrechtikon
Rüti
Mettmenstetten
Hausen a.A.
Stäfa
Kappel a.A.
Mühlau
Knonau
Wädenswil
Rapperswil
Jona
Sins
Hohenrain
Baar
Richterswil
Pfäffikon
Cham
Abtwil
Zug
Menzingen
Wollerau
Lachen
Galgen
Hütten
Siebnen
Ballwil
Eschenbach
Cham
Biberbrugg
Schübelbach
Unterägeri
Oberägeri
Rotkreuz
925
ZG
Willerzell
1190
Root
Altmatt
Udligenswil
Walchwil
Einsiedeln
Sattelegg
Vorderthal
Rothenthurm
Ebikon
Küssnacht
Roosberg
1580
Euthal
1695
Meggen
Arth
Sattel
Alpthal
Rigi
1798
Stöcken
LUZERN
Goldau
Steinen
Horw
Weggis
Lauerz
Gr. Mythen
1899
Oberiberg
SZ
Kastanienbaum
Ibergeregg
1406
Vierwaldstättersee
Vitznau
Schwyz
Weglosen
Bürgenstock
Ennetbürgen
Gersau
Druesberg
Richisau
Stansstad
Brunnen
Ingenbohl
2282
Stans
Buochs
Beckenried
Seelisberg
Morschach
Ried
Muotathal
1550
Allweg
Hinterthal

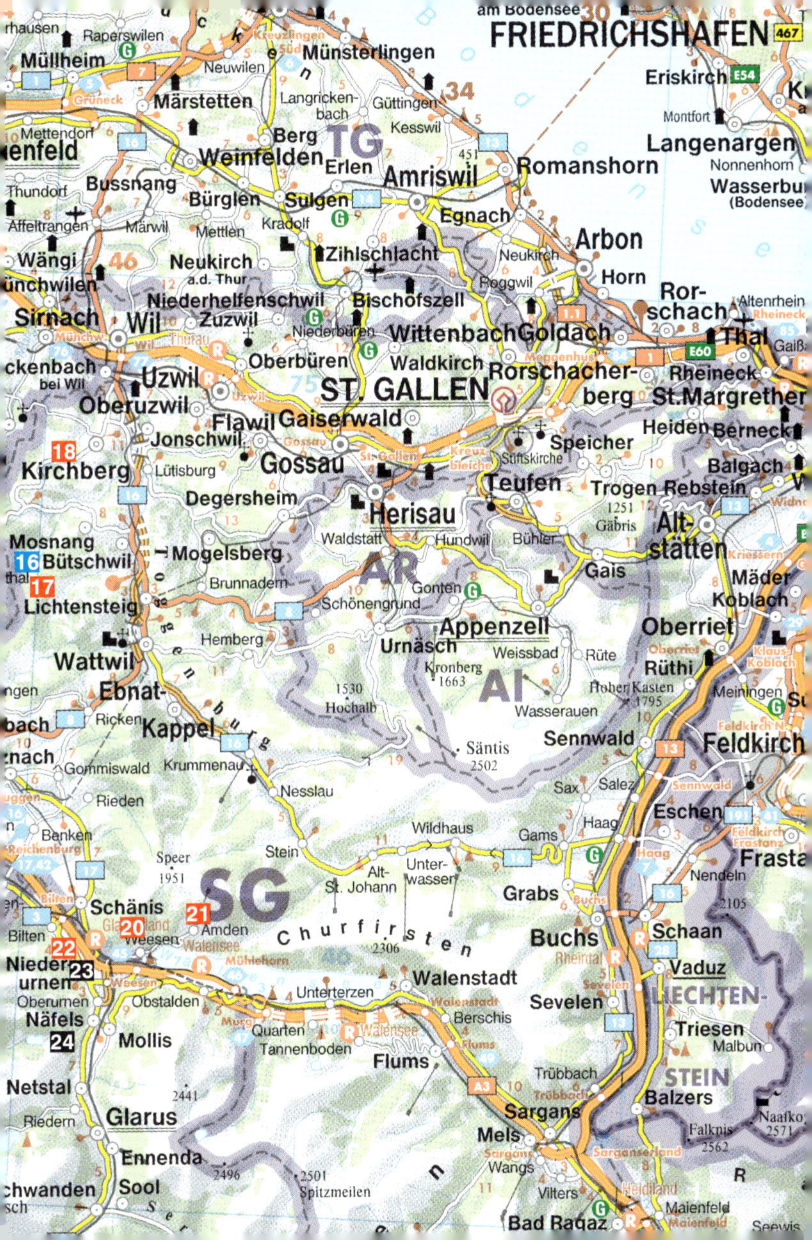

FRIEDRICHSHAFEN
Eriskirch
Montfort
Langenargen
Nonnenhorn
Wasserburg (Bodensee)
Müllheim
Raperswilen
Neuwilen
Münsterlingen
Märstetten
Langrickenbach
Güttingen
Kesswil
Mettendorf
Berg
Weinfelden
Erlen
TG
Amriswil
Romanshorn
Thundorf
Bussnang
Bürglen
Sulgen
Egnach
Arbon
Affeltrangen
Märwil
Mettlen
Kradolf
Zihlschlacht
Neukirch
Horn
Wängi
Neukirch a.d. Thur
Roggwil
Rorschach
Altenrhein
Niederhelfenschwil
Bischofszell
Sirnach
Wil
Zuzwil
Niederbüren
Wittenbach
Goldach
Thal
Oberbüren
Waldkirch
Rorschacherberg
Rheineck
Uzwil
ST. GALLEN
Oberuzwil
St. Margrethen
Flawil
Gaiserwald
Heiden
Berneck
Jonschwil
Speicher
Kirchberg
Lütisburg
Gossau
Stiftskirche
Balgach
Teufen
Trogen
Rebstein
Degersheim
Herisau
Gäbris
Altstätten
Mosnang
Waldstatt
Hundwil
Bühler
Bütschwil
Mogelsberg
AR
Gais
Mäder
Brunnadern
Gonten
Koblach
Lichtensteig
Schönengrund
Appenzell
Oberriet
Hemberg
Urnäsch
Weissbad
Rüte
Wattwil
Kronberg 1663
AI
Rüthi
Ebnat-Kappel
Hochalp
Hoher Kasten 1795
Meiningen
Ricken
Wasserauen
Krummenau
Säntis 2502
Sennwald
Feldkirch
Gommiswald
Nesslau
Sax
Salez
Rieden
Eschen
Wildhaus
Gams
Haag
Benken
Speer 1951
Stein
Alt-St. Johann
Unterwasser
Frastanz
Nendeln
SG
Grabs
Schänis
Amden
Weesen
Churfirsten
Buchs
Schaan
Bilten
Niederurnen
Walenstadt
Vaduz
Oberurnen
Obstalden
Unterterzen
Sevelen
LIECHTENSTEIN
Näfels
Quarten
Berschis
Triesen
Mollis
Tannenboden
Flums
Malbun
Trübbach
Netstal
Balzers
Sargans
Riedern
Glarus
Mels
Falknis 2562
Naafkopf 2571
Ennenda
Wangs
Schwanden
Sool
Spitzmeilen
Vilters
Maienfeld
Bad Ragaz
Seewis

Allgemeine Hinweise

Anforderungen

Um die Anforderungen der Touren in Relation zueinander besser einschätzen zu können, wurden die einzelnen Nummern mit verschiedenen Farben markiert. Diese erklären sich wie folgt:

Leicht Gut markierte Wege ohne Gefahrenstellen, die auch bei Schlechtwetter sicher zu begehen sind. Auch für Kinder geeignet.

Mittel Markierte, aber stellenweise ausgesetzte und steile Bergpfade (Drahtseilsicherungen etc.), auf denen Trittsicherheit angezeigt ist.

Schwierig Leichte Bergtouren; markiert, aber ohne ausgetretene Pfade; Felspassagen im ersten Schwierigkeitsgrad; Firnfelder oder leichte Gletscheretappen (Ruchenglärnisch); Orientierungsvermögen notwendig.

Gehzeiten

Die angegebenen Zeiten beziehen sich auf eine durchschnittliche Marschgeschwindigkeit von 4,2 km pro Stunde bzw. eine Höhendifferenz von 350 m pro Stunde.

Wegmarkierungen und Ausrüstung

Praktisch alle vorgestellten Wanderungen verlaufen auf gut markierten Wegen oder Bergpfaden. Im Mittelland besteht die Wegbezeichnung ausschließlich aus gelben Richtungsweisern oder Rhomben. Im alpinen Gelände wird sie durch die weiß-rote Markierung ergänzt. Während die nur gelb markierten Wege für jedermann begehbar sind, erfordern die weiß-rot bezeichneten Routen gute Ausrüstung sowie Trittsicherheit und Schwindelfreiheit. Blau-weiß bezeichnete Routen deuten auf besondere alpine Gefahren hin.

Symbole

mit Bahn/Bus erreichbar	Seilbahn- / Sesselliftstation
Einkehrmöglichkeit unterwegs	Fahrt mit Seilbahn
für Kinder geeignet	Schiffsanlegestelle
Ort mit Einkehrmöglichkeit	Bademöglichkeit
bewirtschaftete Hütte, Gasthaus	Gipfel / Pass, Sattel
eingerichteter Parkplatz	Kirche, Kloster
Bahnanschluss	Burg, Ruine / Aussichtsturm
Zahnradbahnstation	Aussichtsplatz / Höhle

Top-Touren rund um den Zürichsee

Über die Lägeren

Eine Alpinwanderung im Mittelland bietet der schmale Kalkscheitel der Lägeren zwischen dem mittelalterlichen Regensberg und dem Thermalkurort Baden (Tour 4; 4.30 Std.).

Tüfels Chilen

Die schönste »Gewässer-Wanderung« im Zürcher Oberland, sehr gut auch an regnerischen Tagen (Tour 9; 5.00 Std.).

Auf dem Bachtel

Im Umkreis des meistbesuchten Aussichtsberges im Zürcher Oberland gibt es imposante geologische Formationen zu entdecken (Tour 14; 5.00 Std.).

Über Schnebelhorn und Hörnli

Auf den schönsten und bekanntesten Aussichtsbergen der Region zeigt sich das Züricher Oberland von seiner besten Seite (Tour 16; 6.45 Std.).

Rautispitz

Unnahbar erscheinen diese zwei Aussichtsbalkone 1800 m hoch über dem Linthtal; doch vom idyllischen Obersee sind sie leicht zugänglich (Tour 24; 7.00 Std.).

Drei-Gipfel-Tour über dem Wägital

Über Zindlenspitz, Rossalpelistock und Brünnelistock auf steilen Wegen und schmalen Graten, mit atemberaubenden Ausblicken (Tour 27; 7.00 Std.).

Druesberg

Steile, Schwindelfreiheit erheischende Pfade führen aus dem Hoch-Ybrig-Talkessel auf einen der markantesten Voralpengipfel in der Ostschweiz (Tour 34; 7.00 Std.).

Die Höllgrotten im Lorzetobel

Auf dem Weg zu der unterirdischen Wunderwelt der Tropfsteinhöhlen passiert man enge Tobel und die romantische Ruine Wildenburg (Tour 37; 3.40 Std.).

Über den Rossberg

Der höchste Berg im Zugerland mit erhabener Aussicht und gemütlicher Einkehr bietet auch interessante geologische Einblicke (Tour 41; 6.00 Std.).

Über Uetliberg und Albiskette

Die Kammwanderung hoch über Zürichsee und Sihltal zählt zu den meistbegangenen Panaromawegen der Schweiz (Tour 50; 5.15 Std.).

Obgleich mit Sorgfalt angelegt, sind die Markierungen speziell beim Übergang aus dem Wald auf Weidegelände manchmal schwer zu finden oder zu deuten. Deshalb sollte eine gute Karte im Maßstab 1:25.000 oder 1:50.000 ständiger Begleiter sein.
Hilfreich kann neben Höhenmesser bzw. Kompass vor allem die Benutzung des Satellitennavigationssystems GPS sein.
Zentrale Wegweiser finden sich am Ausgangspunkt jeder Tour, an den Bahnhöfen, Bus- oder Postautohaltestellen.

Mögliche Gefahren

Nässe oder Neuschnee schaffen speziell in alpinem Gelände oftmals ein beachtliches Gefahrenpotenzial. Bei solchen Verhältnissen ist von der Begehung der meisten Bergpfade abzuraten.

Hofhunde können für ängstliche Zeitgenossen zum Problem werden, da viele Routen unmittelbar an Bauernanwesen entlangführen. In der Mehrzahl haben sich die Hunde aber an vorbeikommende Wanderer gewöhnt, manchmal aber betrachten sie sie auch als Eindringlinge. Dann ist sicheres Auftreten gefragt.
Das Problem der in der Region Zürich verbreitet gehaltenen großen Hofhunde wollte auf radikale Weise schon 1489 der legendäre Zürcher Bürgermeister Hans Waldmann lösen. Laut Ratsbeschluss sollten die Tiere alle getötet werden, allerdings nicht zum Schutz umherziehender Wanderer, sondern zur Schonung des Wildbestandes. Das erboste Landvolk erzwang damals die Enthauptung Waldmanns.

Beste Jahreszeit und Wetter

Für Wanderungen und Touren in Höhen ab 1500 m trifft man in der Regel die besten Bedingungen zwischen Ende Juni und Anfang Oktober an. Sowohl zu Beginn wie zum Ende der Saison muss allerdings in diesen Höhen mit Alt- bzw. Neuschnee gerechnet werden, besonders in schattigen Nordhanglagen. Sie bieten für den schlecht ausgerüsteten Wanderer ein nicht zu

Für die ganze Familie: Aufstieg zum Biberlichopf (Tour 20).

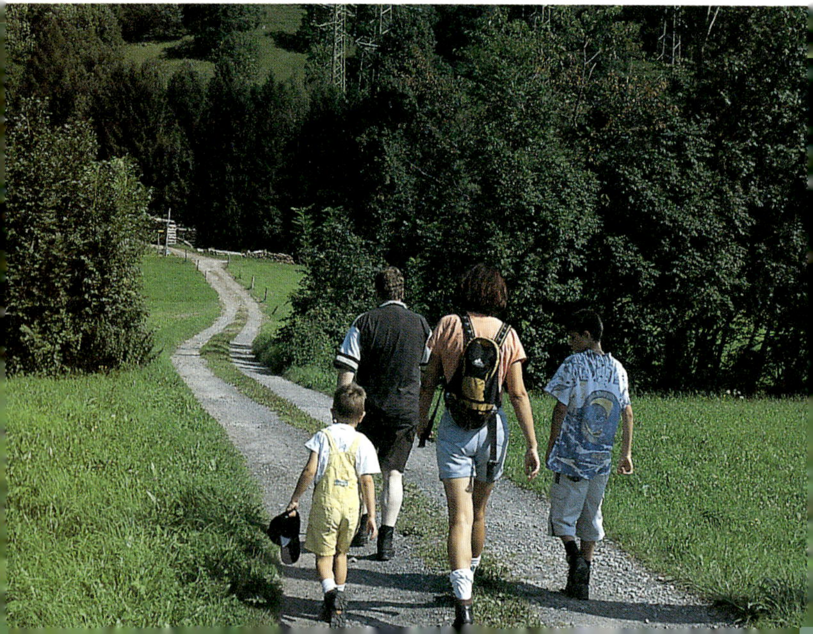

unterschätzendes Gefahrenmoment. Die stabilste Schönwetterlage versprechen die Herbstwochen, also ab Anfang Oktober. Dann liegt über den Seen des Mittellandes und dem Zürcher Unterland allerdings oft eine geschlossene Hochnebeldecke mit Obergrenze von 900 bis 1200 m. Darüber ist die Fernsicht häufig sehr gut, allerdings gehen dabei manch bezaubernde Tiefblicke »verloren«! Die schönste Farbenpracht entwickelt das Frühjahr. Dies ist die richtige Zeit für Wanderungen im Unter- und Mittelland.

Geografie

Der Zürichsee liegt nördlich des Alpenrandes. Seine Fläche beträgt 88 km^2, davon entfallen 68 km^2 auf den Unteren Zürichsee zwischen Zürich und Seedamm sowie 20 km^2 auf den Oberen Zürichsee zwischen Seedamm und Linthebene. Von

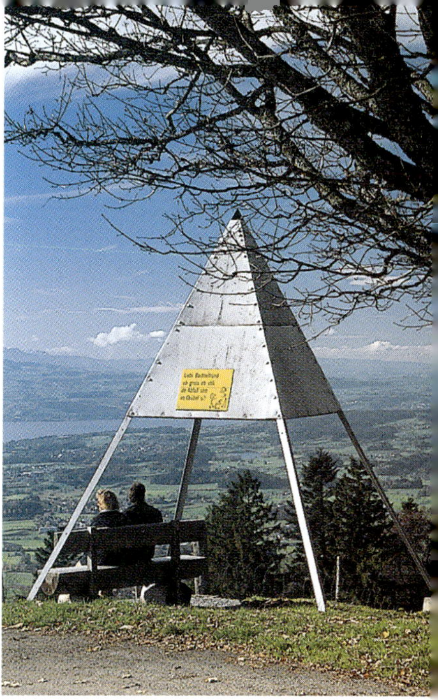

Auf dem Bachtel mit Blick über den Zürichsee zur Alpenkette (Tour 14).

GPS-Tracks und Koordinaten der Ausgangspunkte

Zu diesem Wanderführer stehen auf www.rother.de GPS-Tracks und Koordinaten der Ausgangspunkte zum kostenlosen Download bereit.
7. Auflage, Passwort: **405707xup**
Sämtliche GPS-Daten wurden von den Autoren auf einer digitalen Karte erfasst. Verlag und Autoren haben die Tracks und Wegpunkte nach bestem Wissen und Gewissen überprüft. Dennoch können wir Fehler oder Abweichungen nicht ausschließen, außerdem können sich die Gegebenheiten vor Ort zwischenzeitlich verändert haben. GPS-Daten sind zwar eine hervorragende Planungs- und Navigationshilfe, erfordern aber nach wie vor sorgfältige Vorbereitung, eigene Orientierungsfähigkeit sowie Sachverstand in der Beurteilung der jeweiligen (Gelände-)Situation. Man sollte sich für die Orientierung auch niemals ausschließlich auf GPS-Gerät und -Daten verlassen.

Der Umwelt zuliebe ...

Auch beim Wandern hinterlassen wir einen ökologischen Fußabdruck, aber im Einklang mit der Natur unterwegs zu sein, ist gar nicht so schwer!

VORBEREITUNG UND ANFAHRT

- Sich vorab informieren, worauf in Bezug auf Natur und Umwelt in der jeweiligen Wanderregion besonders zu achten ist.
- Soweit möglich mit Bahn und Bus anreisen, Wander- und Rufbusse nutzen.
- Ist eine Anfahrt mit dem Auto nötig, Fahrgemeinschaften bilden.
- Bei weiten Anfahrten Mehrtagestouren planen oder von einem Quartier vor Ort aus mehrere Touren absolvieren.
- Flugreisen möglichst reduzieren und durch Beiträge zu Klimaschutzprojekten kompensieren.

KLEIDUNG UND AUSRÜSTUNG

- Beim Kauf von Outdoor-Kleidung auf umweltfreundliche und faire Herstellung achten und Kleidungsstücke möglichst viele Jahre nutzen.
- Ausrüstung kann man eventuell auch gebraucht kaufen oder ausleihen.
- Reparieren statt neu kaufen.

VERPFLEGUNG

- Beim Einkauf Bio-Ware, regionale und saisonale Erzeugnisse bevorzugen.
- Hütten und Gasthäuser auswählen, die regionale Produkte verwenden.
- Auf Einwegflaschen und Plastikverpackungen verzichten, stattdessen wiederverwendbare Trinkflaschen und Brotzeitboxen benutzen.

ÜBERNACHTUNG

- Bei lokalen Anbietern buchen, damit Menschen vor Ort profitieren.
- Auf Hütten und in anderen Unterkünften Strom und Wasser sparen.

UNTERWEGS

- Wege benutzen und Abkürzer vermeiden.
- Sperrungen von Wegen und Schutzgebieten respektieren.
- Keine Blumen pflücken und keine Pflanzen entnehmen.
- Waldbrandgefahr beachten.
- Müll wieder mit nach Hause nehmen und dort entsorgen.
- Toilettengänge in freier Natur möglichst vermeiden.
- Lärm vermeiden.
- Hunde an die Leine nehmen.

ROTHER
BERGVERLAG

Schmerikon am Linthzufluss bis zum Bürkliplatz am Limmatausfluss misst er 39 km; seine größte Breite beträgt 4 km. Neben dem Kanton Zürich grenzen im Osten der Kanton St. Gallen und im Süden der Kanton Schwyz ans Seeufer.

Während der See selbst klar umrissen ist, zeigt die Wanderregion rings herum keine klare Abgrenzung. Ihre äußerste Ausdehnung beschreibt im Norden der Rhein, im Osten der Lauf der Thur und der Beginn des Walensees, dazu die Linthebene und das Linthtal. Im Süden bilden Klöntal, Pragel und Sattel die Grenze und im Westen der Zugersee und die Reuss. Damit zählt neben dem größten Teil des Kantons Zürich auch das Zugerland dazu, ebenso Ausserschwyz sowie ein Stück des Glarnerlandes, des Thurgaus und der Kantone St. Gallen, Aargau und Schaffhausen.

Neben dem Zürichsee liegen eine Anzahl weiterer Seen im Wandergebiet, der Zugersee, der Ägerisee, der Greifensee, der Pfäffikersee und als Stauseen der Sihlsee, der Wägitalersee sowie am äußersten Rand der Klöntalersee.

Der Seespiegel des Zürichsees liegt auf 405 m ü. M., die tiefste Stelle im Wandergebiet markiert die Tössegg am Rhein mit 345 m, die höchste der Gipfel des Mutteristocks mit 2994 m. Im Vergleich dazu misst das Schnebelhorn, die größte Erhebung im Kanton Zürich selbst, 1292 m.

Karten

Grundlage der Schreibweisen und der Höhenangaben bildet weitgehend die Schweizer Landeskarte im Maßstab 1:25.000.

Das gesamte Gebiet des Wanderführers wird durch folgende Blätter der Schweizer Landeskarte (LKS) im Maßstab 1:50.000 abgedeckt: 215 T Baden, 216 T Frauenfeld, 225 T Zürich, 226 T Rapperswil, 235 T Rotkreuz, 236 T Lachen, 237 T Walenstadt. Es gibt auch einen Sonderblattschnitt (1:50.000), der einen sehr großen Teil des Gebietes abdeckt: Wanderkarte Kanton Zürich, Blatt Süd und Blatt Nord sowie Wanderkarte Jura, Blatt 1 Aargau – Lägeren (1:50.000). Im alpinen Gelände ist zusätzlich die LKS im Maßstab 1:25.000 mit folgenden Blättern empfehlenswert: 1093 Hörnli, 1113 Ricken, 1132 Einsiedeln, 1133 Linthebene, 1134 Walensee, 1152 Ibergeregg, 1153 Klöntal sowie die Wanderkarte Ybrig, Blatt Süd (1:25.000).

Führer

Als zusätzliche Führer sind zu empfehlen:

- SAC-Führer: Zentralschweizerische Voralpen, Glarner Alpen.
- Wanderreihe des ZAW (Zürcher Wanderwege), die eine ausführliche Übersicht über beinahe alle Wanderwege im Kanton Zürich mit vielen heimatkundlichen Hinweisen bietet: Rund um den Zürichsee, Rund um Winterthur, Zürcher Unterland, Zürcher Oberland, Knonauer Amt.

Bergrettung

- Schweizerische Flugrettungswacht (REGA): ✆ 1414
- Todes- oder Vermisstenmeldung bei der Orts- und Kantonspolizei: ✆ 117
- Notruf per Mobiltelefon: ✆ 112 (auch ohne SIM-Karte)

Verkehrsmittel

Über den internationalen Flughafen Zürich-Kloten, den Eisenbahnknotenpunkt Zürich (Fahrpläne unter www.sbb.ch) oder die Autobahnen von Basel/Bern, Luzern/Zug, St. Gallen/Winterthur und Chur/Sargans ist der Großraum Zürich bestens erreichbar. Für Wanderer besonders günstig ist das dichte S-Bahn-Netz rund um Zürich. Es reicht im Südosten bis Ziegelbrücke, im Nordosten bis Frauenfeld, im Norden bis Schaffhausen, im Westen bis Baden und im Süden bis Zug und Biberbrugg. Die meisten Linien verkehren im 30-Minuten-Takt, im 15-Minuten-Takt oder sogar im 10-Minuten-Takt.
Dort, wo die S-Bahn nicht verkehrt, z. B. in den Seitentälern der Voralpen, fährt regelmäßig das Postauto. Hier unterstützen auch einige Seilbahnen Wanderer beim Auf- oder Abstieg. Innerhalb des Zürcher Stadtgebietes sind die wichtigsten Ausgangspunkte mit der Tram der VBZ erreichbar. Den Fahrplan findet man im Internet unter www.stadt-zuerich.ch/vbz.
Auf den großen Seen (Zürichsee, Zugersee, Greifensee) verkehren Schiffe:

- Zürichsee-Schifffahrtsgesellschaft, ✆ +41/44/4871333, www.zsg.ch
- Schifffahrtsgenossenschaft Greifensee, ✆ +41/44/9822111, www.sgg-greifensee.ch
- Zugersee Schifffahrts-Gesellschaft, www.zugersee-schiffahrt.ch, ✆ +41/41/7285858

Adressen

- Zürich Tourismus, Gessnerallee 3, CH-8001 Zürich, ✆ +041/44/2154000, www.zuerich.com
- Zürioberland Tourismus, Bahnhofstrasse 13, CH-8494 Bauma, ✆ +041/52/3965099, www.zuerioberland-tourismus.ch
- Zuger Tourismus, Bahnhofplatz, CH-6300 Zug, ✆ +41/41/7236800, www.zug-tourismus.ch
- Schwyz Tourismus, Zeughausstrasse 10, CH-6430 Schwyz, ✆ +41/41/8555950, www.schwyz-tourismus.ch
- VISIT Glarnerland, Kirchweg 82A, CH-8750 Glarus, ✆ +41/55/6102121, www.glarnerland.ch
- Rapperswil Zürichsee Tourismus, Fischmarktplatz 1, CH-8640 Rapperswil, ✆ +41/55/2257700, www.ostschweiz.ch
- Info Baden Tourist Office, Bahnhofplatz 1, CH-5400 Baden, ✆ +41/56/2008787, www.dein.baden.ch

Wasserfall im Klöntal.

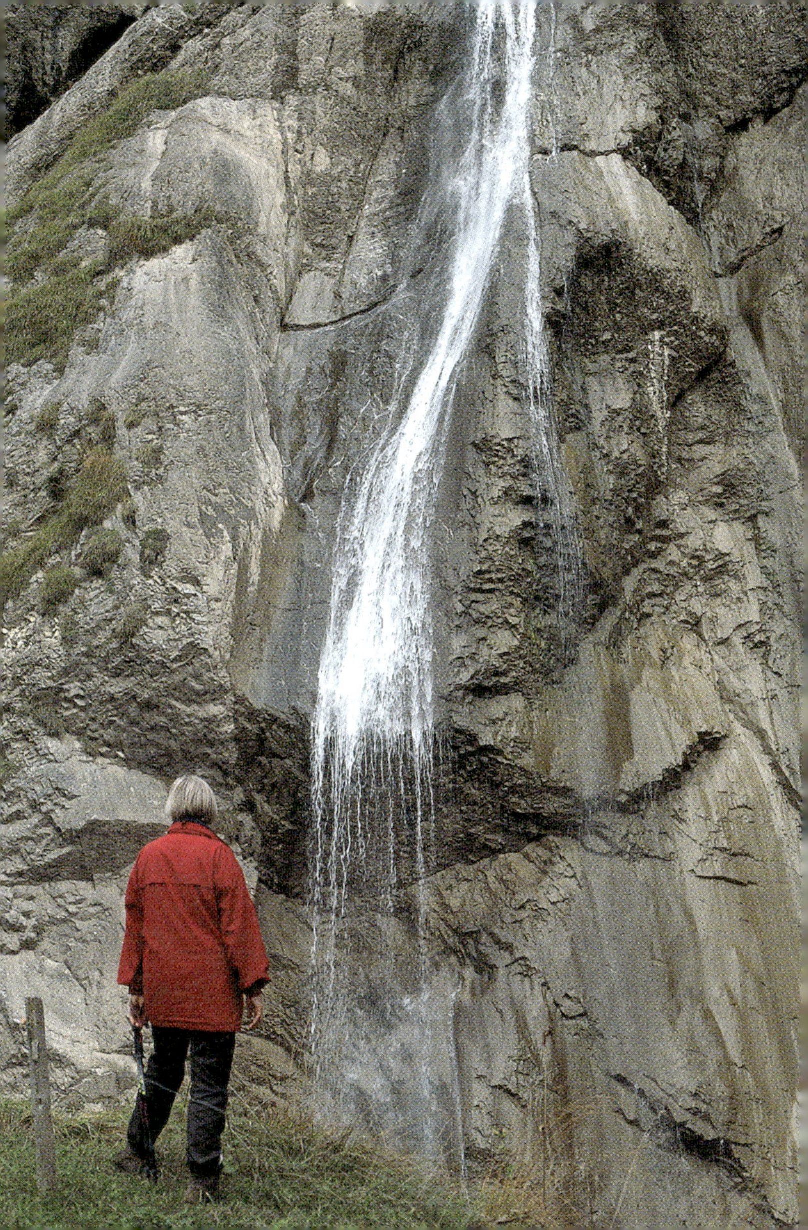

Zürcher Unterland

Zürich, Limmattal, Lägeren und Tafelberge

Zürich, die größte Stadt der Schweiz, liegt am nördlichen Ende des gleichnamigen Sees in einer gegen Nordwesten offenen Talmulde. Der Abfluss der Limmat sowie die flankierenden Höhenzüge Uetliberg, Zürichberg und Käferberg prägen die Topografie der Metropole. In zwölf Stadtteilen leben über 400.000 Einwohner, nur unwesentlich weniger als auf dem Höchststand 1962. Als Keimzelle der Stadt gilt eine römische Zollstation auf dem Lindenhof mit Garnison ab 15 v. Chr. Auf die Römer gehen auch die Zürcher Stadtheiligen zurück. Es handelt sich um die ägyptischen Legionäre Felix und Regula. Sie waren im Wallis zur Christenbekämpfung eingesetzt. Selbst Christen, weigerten sie sich aber, gegen ihre Glaubensgeschwister vorzugehen und flohen nach Zürich. Sie wurden gefasst und auf einer kleinen Limmatinsel enthauptet. Wie die Legende berichtet, hoben die Hingerichteten ihre abgeschlagenen Köpfe auf und wandelten ans Ufer. Dort, wo sie ihre Häupter niederlegten, entstand später das Großmünster, am Richtplatz selbst die Wasserkirche.

Den Römern folgten die Alemannen, die ihrerseits von den Franken verdrängt wurden. Diese bauten den Lindenhof zu einer Pfalz aus. Im Mittelalter kam Zürich als Münzstätte zu hohem Ansehen. 1218 erlangte die Stadt Reichsunmittelbarkeit, sehr zum Vorteil seiner Kaufleute. Im Folgenden suchte Zürich den politischen Balanceakt zwischen den Habsburgern und der neu gegründeten Eidgenossenschaft. Erst ab 1351 gehörte Zürich zum eidgenössischen Bund, dem es trotz mancher blutiger Zerwürfnisse (Alter Zürichkrieg, Kappeler Kriege) gegen äußere Gegner verpflichtet blieb. Nach 1830 wurde Zürich ein Hort des Liberalismus und trug damit wesentlich zum Neubeginn des Bundesstaates 1848 bei.

Ein Aspekt der Zürcher Geschichte verdient im Wanderführer besondere Beachtung, das Hochwachtsystem. Aufgrund der Gefahrenlage durch den Dreißigjährigen Krieg sowie der innereidgenössischen Konflikte zwischen den katholischen und protestantischen Ständen sah sich die Zürcher Obrigkeit 1622 dazu veranlasst, ein Hochwachtsystem einzuführen. Diese Hochwachten wurden als Nachrichtenverbindung auf markanten Geländepunkten stets im Blickkontakt zu den benachbarten Stationen errichtet. Am Tage gab man Signale mit Rauch aus einer Pech- oder Harzpfanne, nachts alarmierten Feuerzeichen die Umgebung. Bei

Elefantenbach.

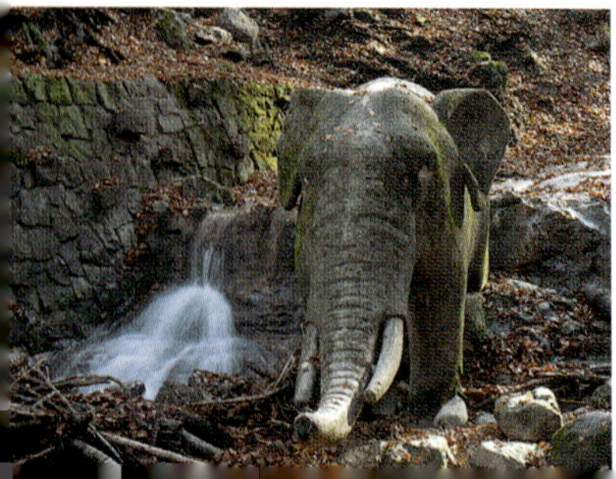

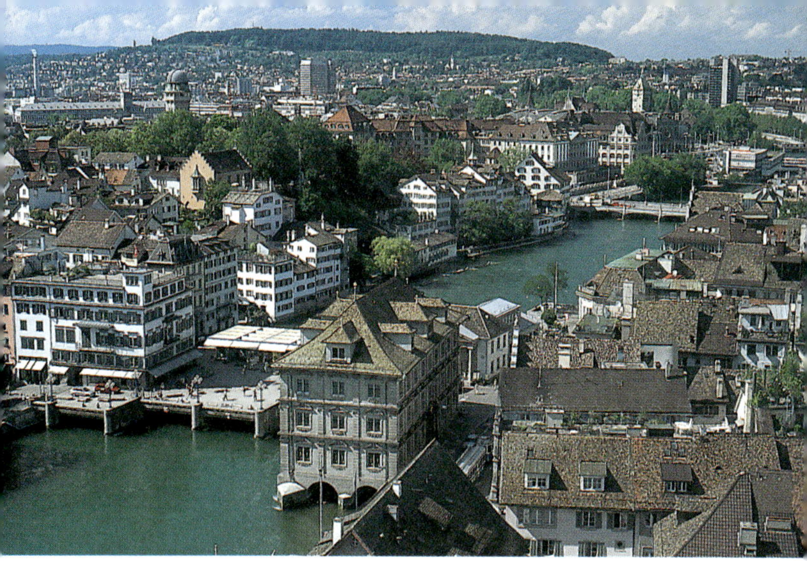

Zürich: Blick vom Großmünster.

Nebel kamen Böller zum Einsatz. Auf diese Weise konnten alle 21 Zürcher Hochwachten innerhalb einer Viertelstunde verständigt werden. 1812 brachte ein Regierungsbeschluss das Ende des Hochwachtsystems, die Flurnamen bestehen jedoch fort und verheißen Wanderern aussichtsreiche Plätze, im Bereich des Zürcher Unterlandes z. B. auf der Lägeren oder dem Irchel.
Das Zürcher Unterland erstreckt sich nördlich der Stadt, im unteren Glatttal, umrahmt vom Altberg, der Lägeren, den Zürcher Tafelbergen und dem Irchel bei Winterthur, der zweitgrößten Stadt im Kanton. Bis auf das Kalkriff der Lägeren bestehen die genannten Bergrücken aus Molasse und sind bequem zu erwandern. Nur am schmalen Lägerengrat ist etwas Trittsicherheit von Vorteil. Seine Überquerung führt vom mittelalterlichen Regensberg ins aargauische Baden.
Das untere Glatttal selbst zeigt trotz massiver Eingriffe in die Landschaft noch intakte Riedflächen, namentlich rings um den Chatzensee. Quasi im Querschnitt der Glatttalmulde verläuft die Wanderung vom schmucken Landstädtchen Bülach zum Stadler Berg, dem Typus eines Zürcher Tafelberges. Plateaucharakter zeigt ebenfalls das zum Rhein hin vorgeschobene Irchelmassiv, dessen dunkler Waldseite im Nordosten eine sonnige Weinseite im Südwesten gegenübersteht. Ansehnliche Rebhänge hat auch das Limmattal aufzuweisen. Wer dort einen richtigen Zürcher Tropfen degustieren möchte, ist im Weinkeller des Klosters Fahr richtig aufgehoben.

1 Über den Zürichberg

3.15 Std.

Vom Zoologischen Garten zum Elefantenbach

Eines der Ausflugsgebiete, die unmittelbar aus der Zürcher City zu erwandern sind, ist der Höhenzug Zürichberg – Adlisberg. Viele Rastplätze säumen seine Wege, an denen plätschernde Brunnen für Erfrischung sorgen. Besonders Kindern verspricht die Tour viel Abwechslung, sei es bei den lebenden Elefanten im Zoologischen Garten oder beim steinernen Elefanten im abschließenden Stöckentobel.

Ausgangspunkt: Hauptbahnhof Zürich oder Seilbahn-Bergstation Rigiblick (Talstation an der Tramlinie 10).
Endpunkt: Tram 11, Station Burgwies.
Höhenunterschied: 300 bzw. 350 m.

Anforderungen: Einfacher Wegverlauf.
Markierung: Gelbe Wegtafeln.
Einkehr: Zoo, Degenried.
Karte: Wanderkarte Kanton Zürich, Blatt Nord, 1:50.000; LKS 225 T.

Man kann zu der Wanderung entweder direkt am Hauptbahnhof starten und via Landesmuseum und Platzspitz durch die Waltersbach- bzw. die Ottikerstrasse zum Restaurant **Rigiblick (1)** aufsteigen oder ab Tramstation Linie 10 die Standseilbahn benutzen. Vom Rigiblick leiten die Wegweiser durch dichten Buchenwald. Erstes Zwischenziel ist die Moos-Schutzhütte mit Weiher. An der nächsten Kreuzung lohnt rechts ein Abstecher zum Schlachten-

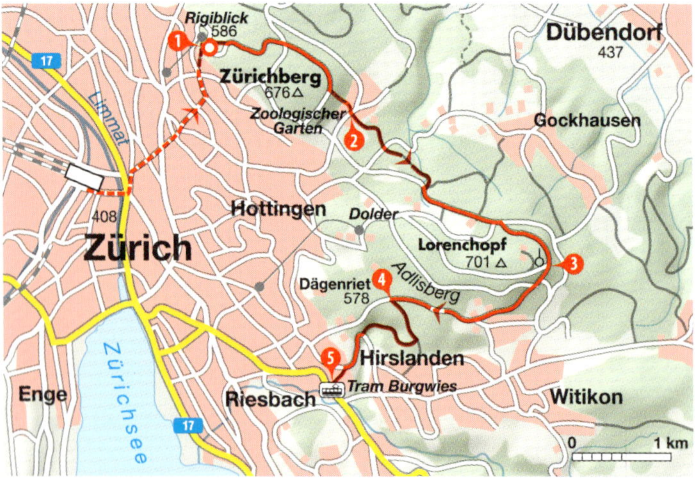

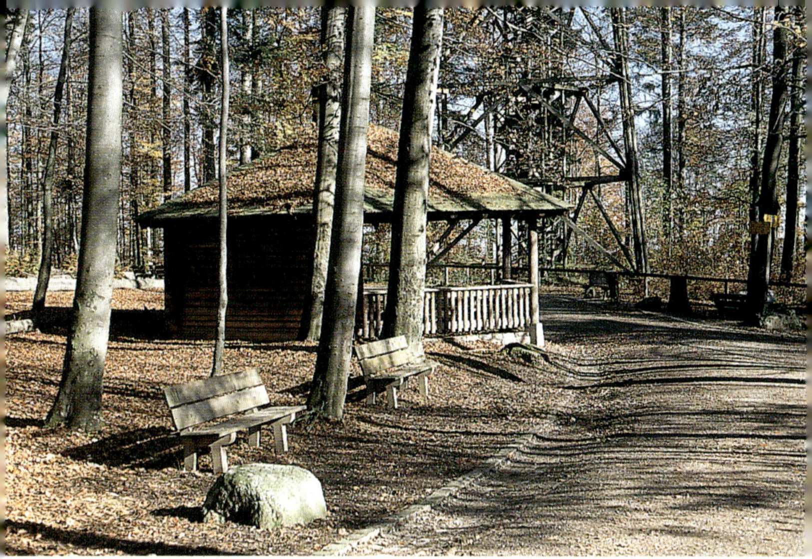

Aussichtsturm und Schutzhütte krönen den Lorenchopf.

denkmal. Schautafeln schildern den Verlauf der beiden Schlachten bei Zürich von 1799 zwischen Napoleons Truppen und dem russisch-österreichischen Heer. Links ermöglicht die sogenannte Batteriestrasse den Weiterweg zum **Zoologischen Garten (2)**.

Dort gewinnt man Anschluss an den Hauptwanderweg Richtung Pfannenstiel. Der unterquert im Fußgängertunnel die Tobelhofstrasse und erreicht den Rastplatz Dreiwiesenstrasse. Bequem ist der anschließende Aufstieg zum stimmungsvollen **Lorenchopf (3)**. Den Kulminationspunkt des Adlisbergs krönt ein 33 m hoher Aussichtsturm.

Es folgt am Findlingsgarten vorbei eine längere Gefällstrecke bis zur Waldschenke **Dägenriet/Degenried (4)**. Die Ausschilderung Witikon leitet jetzt links haltend in den wildromantischen Stöckentobel. Dort taucht zwischen Hangwäldern und Felspartien rechts der Fußpfad steil hinab. Plötzlich steht unterhalb einer Schutzhütte mitten im Tobelbett ein steinerner, Wasser speiender Elefant. Nach dieser kleinen Attraktion bleibt der Weg stets neben dem Bach, kreuzt die Witikonerstrasse und tritt unvermittelt aus der Tobellandschaft heraus zur Tramhaltestelle **Burgwies (5)**.

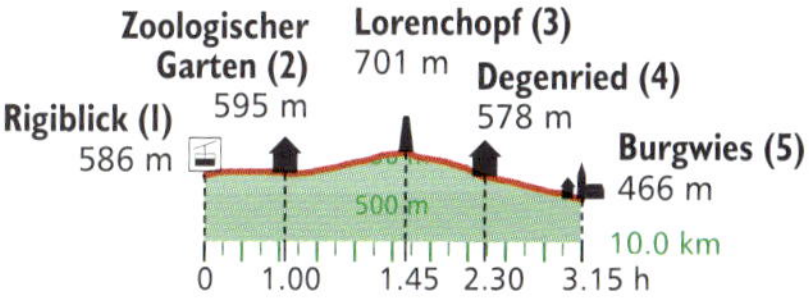

2 Goethe am Chatzensee

3.00 Std.

Moorlandschaft vor den Toren der Großstadt

An der nördlichen Peripherie Zürichs, im oberen Furttal, liegen die idyllischen Chatzenseen. Der Linthgletscher hat sie bei seinem Rückzug vor 20.000 Jahren nach der letzten Eiszeit hinterlassen, als sich ein sogenannter Toteisblock abspaltete, der nur sehr langsam schmolz und dabei zwei wassergefüllte Mulden bildete. Infolge fortschreitender Verlandung entstanden daraus die beiden heutigen Seeflächen mit ihrer angrenzenden ökologisch einzigartigen Riedlandschaft. Es ist einer der wertvollsten Naherholungsräume Zürichs.

Ausgangspunkt: Bahnhof Affoltern, S 6, Parkplätze.
Höhenunterschied: 120 m.
Anforderungen: Achtsamkeit im NSG Hänsiried.

Markierung: Gelbe Wegtafeln.
Einkehr: Waldhaus Chatzensee.
Hinweis: Badezeug nicht vergessen.
Karte: Wanderkarte Kanton Zürich, Blatt Nord, 1:50.000; LKS 215 T und 225 T.

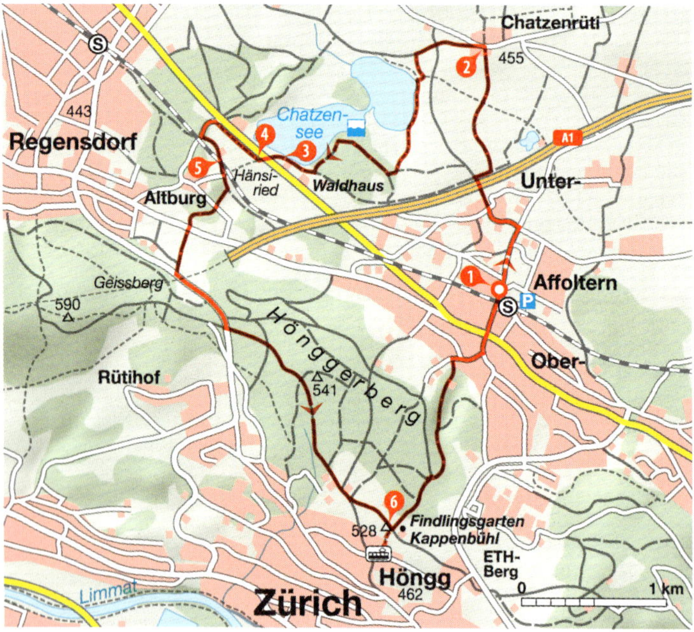

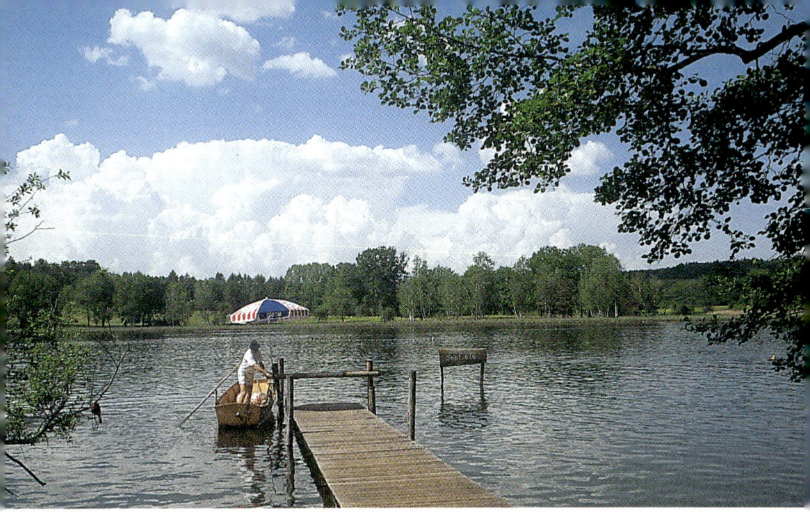

Am Chatzensee locken lauschige Badeplätze.

Stadtzürcher beginnen diese Rundtour an der Tramstation Höngg-Meierhofplatz (Linie 13), Auswärtige starten besser am Bahnhof **Zürich-Affoltern (1)**. Durch das schmucke Unteraffoltern mit seinen Riegelhäusern geht es zum nördlichen Dorfrand, wo links der Weg im Wiesengrund nach **Chatzenrüti (2)** abzweigt. Hier steht der stattliche Chatzenrütihof, in dem Goethe zweimal, 1775 und 1779, den »philosophischen« Bauern Jakob Gujer besuchte, der sich damals für die Erneuerung der hiesigen Landwirtschaft einsetzte. Ein Wegweiser zeigt nun zum Oberen Chatzensee, an dessen Ufer das belebte Strandbad liegt.
Später, beim **Waldhaus Chatzensee (3)**, quert man die Wehntalerstrasse und setzt die Wanderung parallel zur Straße im **Hänsiried (4)** fort. Während Teichrohrsänger und Wasserfrosch ihr Konzert geben, erfreuen Sumpfwiesen und Bruchwälder das Auge. Vis-à-vis dem Gut Chatzensee verläuft links der Weg zum Bahnübergang **Altburg (5)**. Oberhalb der Häusergruppe Geissberg taucht der Weg im Buchenwald unter und überquert den Hönggerberg zum aussichtsreichen **Kappenbühl (6)**. Am dortigen Findlingsgarten gabelt sich die Route. Rechts bergab sind es noch 10 Min. zur Tram in Höngg, während links ein stimmungsvoller Weg im Tobelholz hinunter zur S-Bahn **Affoltern (1)** führt.

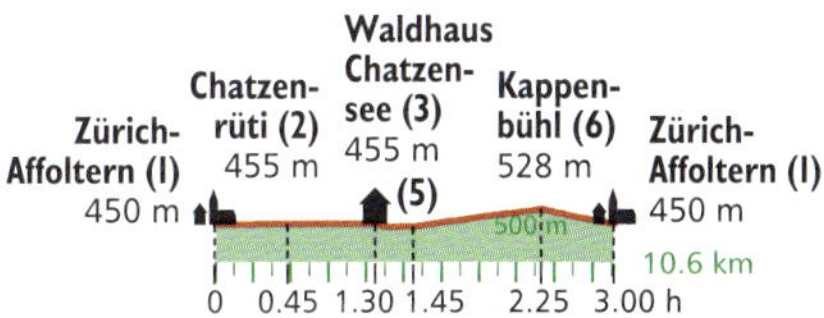

3 Über den Weinbergen des Limmattals

5.30 Std.

Zur Weinprobe ins Kloster Fahr

Trotz seiner zahlreichen Verkehrsadern bietet das stadtnahe Limmattal zwischen Höngg und Oetwil noch Platz für ansehnliche Rebflächen. Die Südexposition der Talhänge, geschützt durch den Altberg-Gubrist-Kamm, schafft in Verbindung mit wuchsfördernden Molasseböden ideale Voraussetzungen für einige der renommiertesten Zürcher Weine. In der eher industriell geprägten Agglomeration Zürichs wirkt diese Reblandschaft wie eine grüne Oase, die sowohl von Wanderern als auch von Weinkennern geschätzt wird.

Ausgangspunkt: Bahnhof Schlieren, S 12, Parkplätze.
Höhenunterschied: 350 m.
Anforderungen: Unschwierig.
Markierung: Gelbe Wegtafeln, unmarkierte Abschnitte.
Einkehr: Altberg, Winzerhaus, Weiningen, Kloster Fahr.

Variante: Von Weiningen Richtung Dällikon, am Weinberg links auf die Hauptroute und beim Chindlistei links abkürzen via Geroldswil zurück. Gesamt 10 km, 3.00 Std.
Tipp: Weinproben in Weiningen und im Kloster Fahr.
Karte: Wanderkarte Kanton Zürich, Blatt Nord, 1:50.000; LKS 215 T und 225 T.

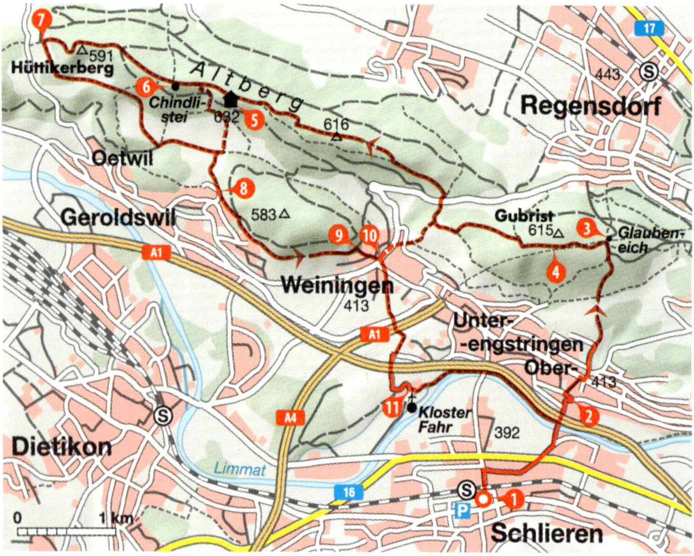

Eine lohnende Rundtour beginnt an der **S-Bahn-Station Schlieren (1)**, durchmisst zunächst das triste Gewerbegebiet zur Limmatbrücke und steigt dann am anderen Ufer von **Oberengstrigen (2)** zum stimmungsvollen Rastplatz **Glaubeneich (3)** am **Gubrist (4)** empor. Links auf dem Kammweg wandert man längere Zeit im Wald, ehe die Weininger Rebhänge den Blick ins Limmattal freigeben. Hinter dem anschließenden Straßensattel wendet sich die Route dem Altberg zu. Eine unmarkierte Fußspur erklimmt dessen Scheitelhöhe und folgt der Krete bis zum **Aussichtsturm (5)** und zur rustikalen Waldschenke am Gipfel, 632 m.

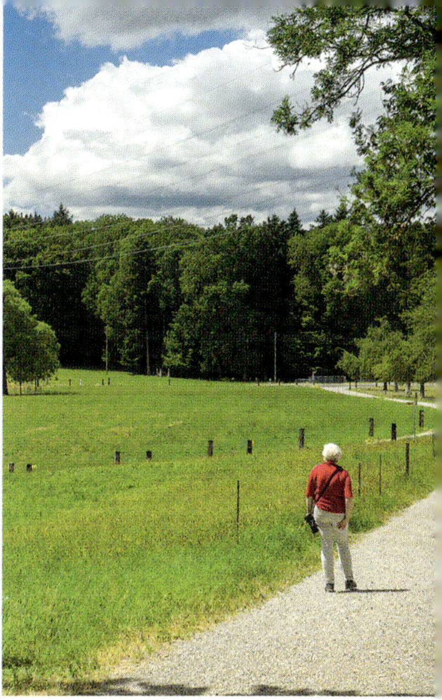

Wanderweg kurz vor Erreichen des Hüttikerberges.

Im Abstieg zum **Hüttikerberg (7)** überrascht links abseits des Weges der »**Chindlistei**« **(6)**, ein 7 m hoher Sandsteinklotz, zweitgrößter Findling im Kanton Zürich. Unten verläuft die Wanderung links durch das stille Wisetäli, passiert den Ortsrand von **Geroldswil (8)** und hält zwischen den Rebstöcken auf das **Winzerhaus (9)** oberhalb von Weiningen zu. Ein Treppensteig führt später steil hinab in den schmucken Ortskern von **Weiningen (10)**, mit stattlichen Riegelhäusern und dem Schlössli aus dem 16. Jahrhundert.

Der Weiterweg über zwei Autobahnbrücken zum **Kloster Fahr (11)** am lauschigen Limmatufer ist kurz. Das 1130 durch die Freiherren von Regensberg gegründete Benediktinerinnenkloster gehört als Enklave zum Kanton Aargau. Nach einer Weinprobe in der Klosterkellerei bummelt man auf dem Limmatuferweg flussaufwärts bis zur zweiten Brücke und kehrt anschließend rechts im Gewerbegebiet zur **S-Bahn-Station (1)** zurück.

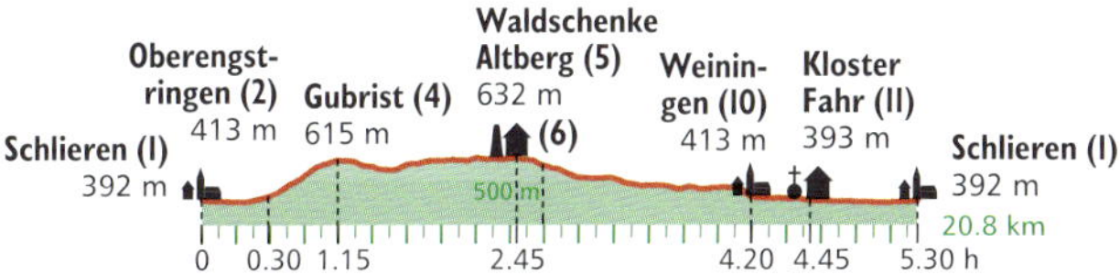

TOP 4 Über die Lägeren

4.30 Std.

Gratwege am Zürcher Jurakamm

Weitab vom eigentlichen Hauptkamm wölbt sich mit der Lägeren am Unterlauf der Limmat dicht vor den Toren Zürichs die erste Jurawelle empor. Sie bildet eine schräg gestellte, überwaldete Kalkscholle, deren Scheitellinie schnurgerade von Ost nach West verläuft. An zwei Stellen, an der Hochwacht und am Burghorn, lichtet sich der Wald und gibt wunderschöne Ausblicke frei.

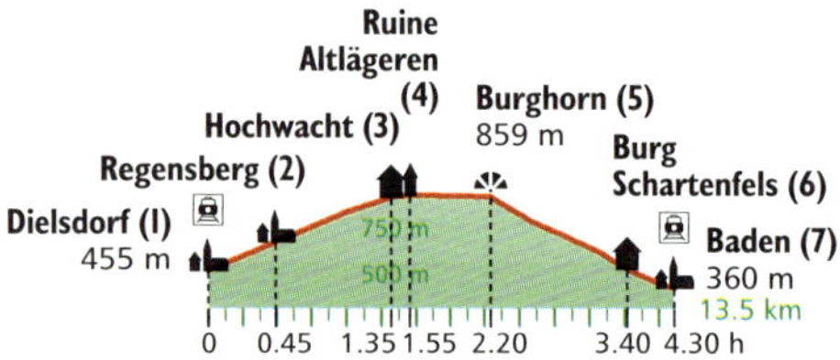

Ausgangspunkt: Bahnhof Dielsdorf, S 5, Parkplatz am Bahnhof.
Endpunkt: Bahnhof Baden.
Höhenunterschied: 450 m bzw. 550 m.
Anforderungen: Festes Schuhwerk.
Markierung: Gelbe Wegtafeln.
Einkehr: Regensberg, Hochwacht, Schartenfels.

Hinweis: Bei feuchter Witterung ist der Weg in Gegenrichtung besser zu gehen. Es ist zu beachten, dass die Gehzeit je nach »Gegenverkehr« zwischen Burghorn und Schartenfels sehr unterschiedlich sein kann.
Karte: Wanderkarte Kanton Zürich, Blatt Nord, 1:50.000; LKS 215 T.

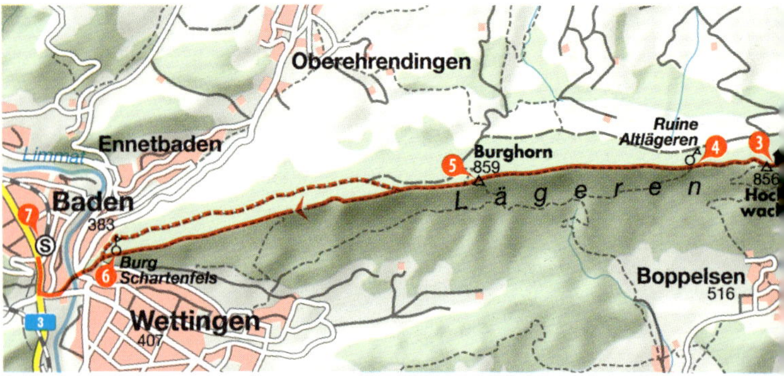

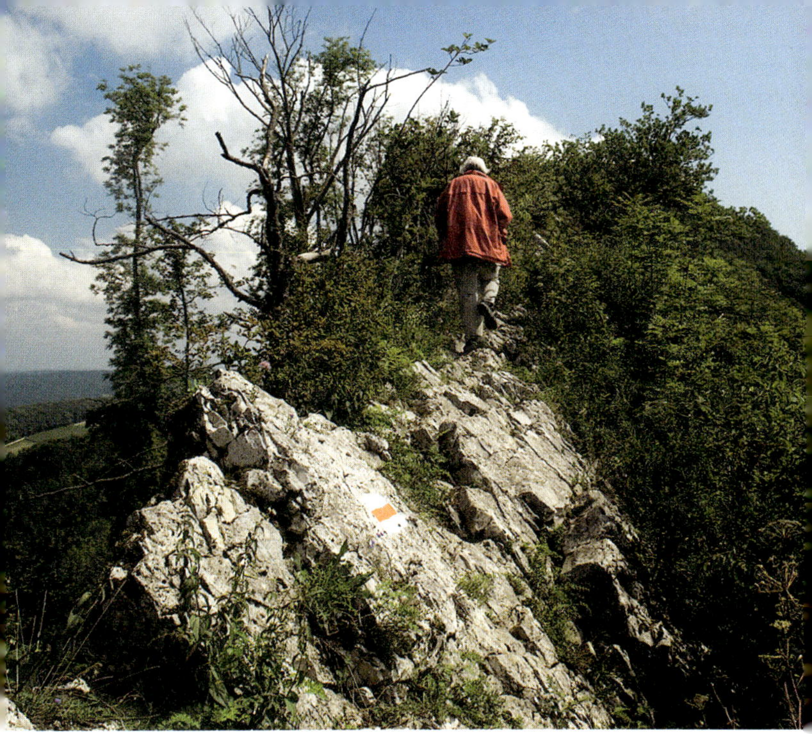

Am Grat der Lägeren.

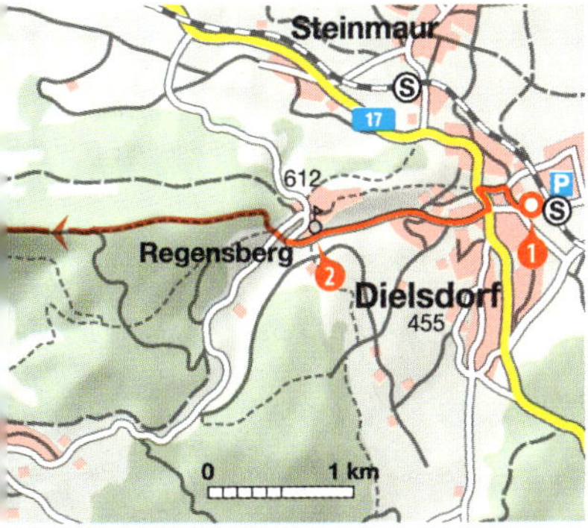

In **Dielsdorf (1)** nimmt die Überquerung der Lägeren ihren Ausgang. Sie folgt dem Jura-Höhenweg westwärts zum Dorf hinaus und steigt durch die Weinberge empor zu dem 1244 erbauten mittelalterlichen Städtchen **Regensberg (2)**. Aus der Gründerzeit stammt noch der mächtige, 21 m hohe Rundturm, von dessen Zinne der alte Grundriss Regensbergs gut zur Geltung kommt. Via Unterburg verlässt der Höhenweg den malerischen Ort und wendet sich dem

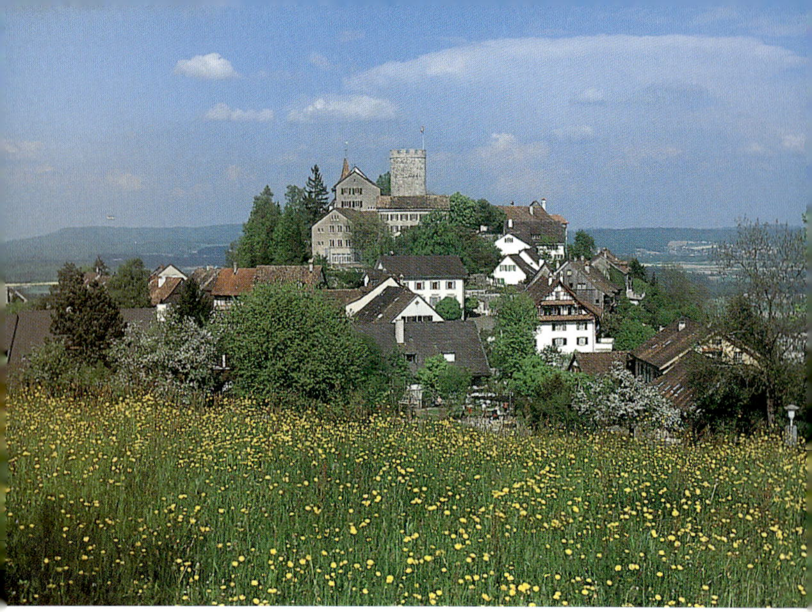

Dicht drängt sich das Städtchen Regensberg um seinen Rundturm.

eigentlichen Lägeren-Grat zu. Erster Höhepunkt ist die **Hochwacht (3)**, 856 m, deren ballonartige Parabolantenne zum Wahrzeichen der Lägeren geworden ist. Panoramatafeln erläutern die weite Aussicht.
Anschließend passiert der Weg die Reste der **Ruine Altlägeren (4)** und erreicht nach längerer Gratwanderung den Aussichtspunkt **Burghorn (5)**, 859 m.
Kurz dahinter, im Lägeren-Sattel, gabelt sich die Route. Der rechte Ast verläuft als bequemer Waldweg auf halber Höhe am Hang entlang, der linke bleibt auf dem Kamm, der sich wenig später zum schmalen, felsigen Lägeren-Grat verengt. Auf den glatten, schräg abfallenden Kalkplatten ist Vorsicht geboten, besonders bei Nässe. Eine kurze exponierte Passage ist sogar drahtseilgesichert.
Beide Wege treffen direkt an der **Burg Schartenfels (6)** wieder zusammen. Eine lange Treppe leitet hinunter in die sehenswerte Altstadt von **Baden (7)**. In dem weltbekannten Thermalkurort, dessen Heilquellen schon den Römern bekannt waren, endet die Wanderung am Bahnhof unweit der belebten Innenstadt.

Blick von der Ruine Stern über Baden zur Lägeren.

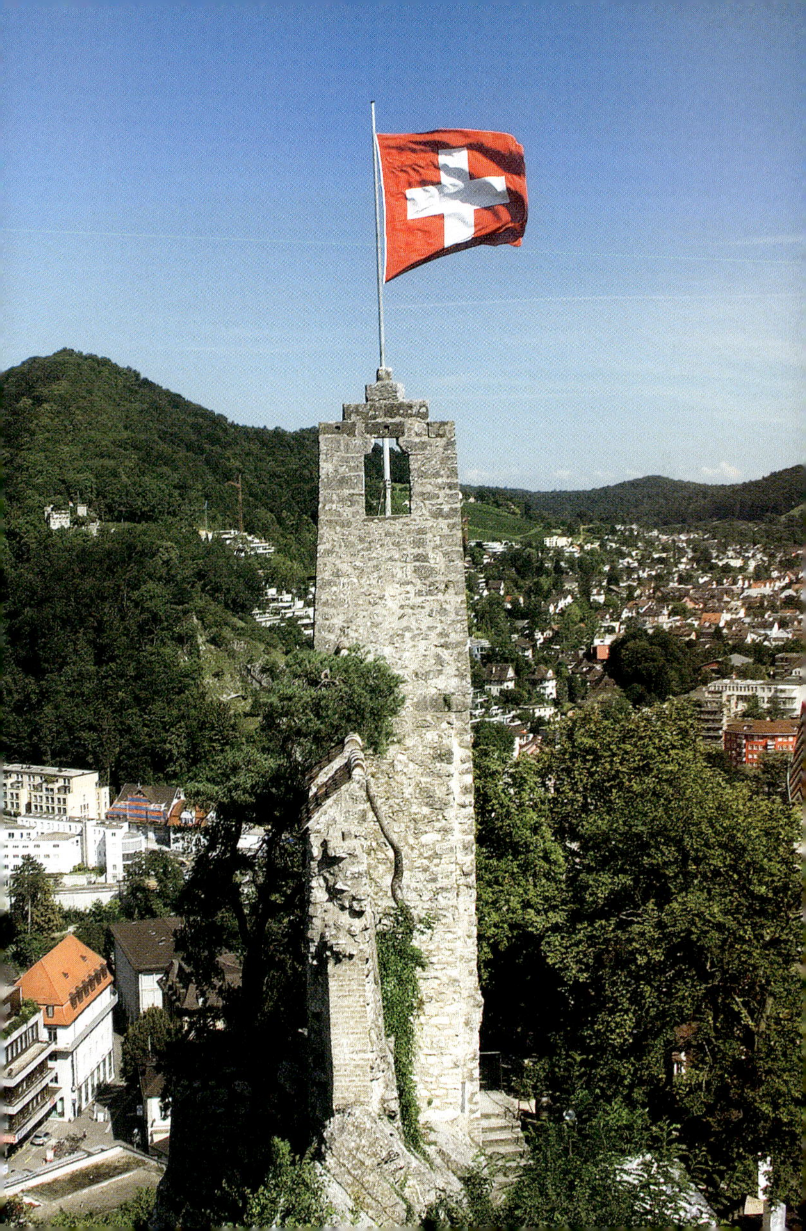

5 Von Bülach auf den Stadler Berg

5.30 Std.

Landende Flugzeuge aus nächster Nähe

Eines der alten Zürcher Landstädtchen ist Bülach, heute Bezirkshauptort im Zürcher Unterland. Schon früh war die für den Durchgangsverkehr wichtige Bülacher Ebene besiedelt; der Ort selbst taucht erstmals 811 in den Urkunden auf und erhielt 1384 Stadtrecht. Seit dem großen Brand 1506 nahezu unverändert wirkt die historische Altstadt. Ab Bülach führen schöne Wanderwege gegen Westen, dorthin, wo die Zürcher Tafelberge das Glatttal begrenzen. Einem dieser Tafelberge, dem Stadler Berg, gilt diese Rundtour.

Ausgangspunkt: Bahnhof Bülach, S 5, S 22, Parkplätze am Bahnhof.
Höhenunterschied: 400 m.
Anforderungen: Ausdauer; schattenlos.
Markierung: Gelbe Wegtafeln.
Einkehr: Hochfelden, Stadel, Neerach.
Karte: Wanderkarte Kanton Zürich, Blatt Nord, 1:50.000; LKS 215 T.

Die Route verlässt den **Bülacher Bahnhof (1)**, unterquert Bahnkörper und Autobahn, erreicht das Glattufer und wechselt hinüber nach **Hochfelden (2)**. Riegelbauten prägen den hübschen Dorfkern. Über Flurwege geht es weiter zum bewaldeten Strassbergkamm, entstanden als Seitenmoräne des Linthgletschers. Nach mehrfachem Wechsel von Wald und Feld senkt sich der Weg abwärts ins Stadler Tal und hält auf **Stadel (3)** zu, leicht erkennbar an seiner

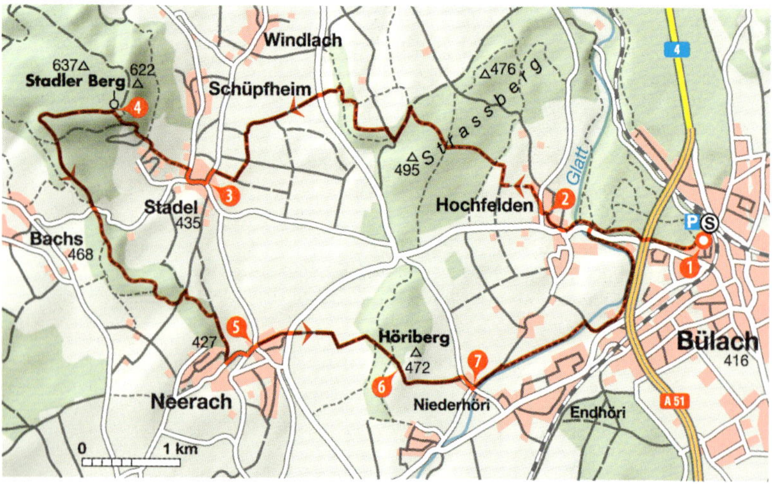

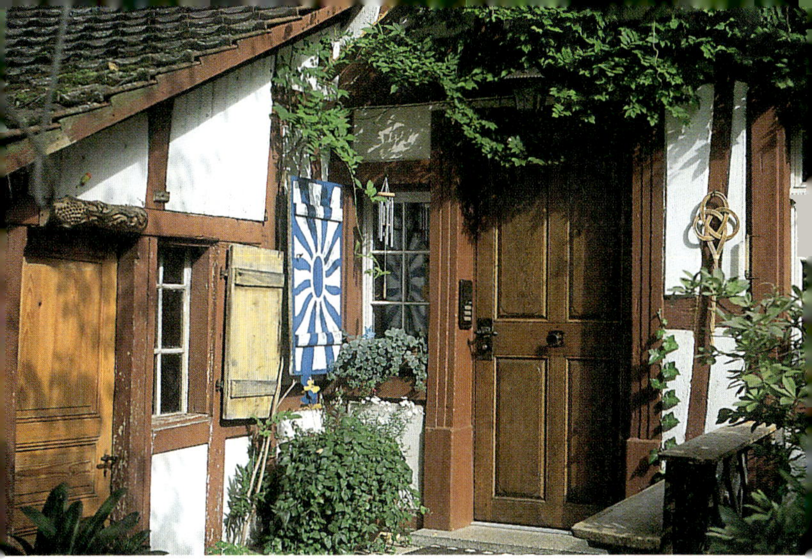

In der Altstadt Bülachs findet sich manch malerischer Winkel.

erhöht stehenden Kirche. Im Dorf selbst sind vor allem das Dreisässenhaus (1668) und der achteckige Leuenbrunnen mit der Wappensäule sehenswert. Vom Brunnen wendet sich die Route steil gegen den **Stadler Berg (4)**, durch Wiesen, auf Hohlwegen und über zahlreiche Trittstufen. Oben auf dem Plateau steht ein hölzerner Aussichtsturm, der über die Glatttalmulde bis zum Alpenkranz schauen lässt. Vor allem aber kann man den Flugzeugen beim Landen zusehen. **Neerach (5)** heißt das nächste Etappenziel, erreichbar in längerer Gefällstrecke durch schönen Mischwald. Das Dorf wird auf seiner Längsachse durchwandert, anschließend bleibt die Route am Nordrand des Naturreservats Neeracher Ried.

Nach dieser Flachetappe gilt ein neuerlicher Anstieg dem **Höriberg (6)**. Wiesenwege ziehen hinab nach **Niederhöri (7)**. Hier beginnt der stille Glattuferweg Richtung Bülach, der später einem Fabrikgelände ausweicht und bei der Autobahnunterführung in den Rückweg zum **Bülacher Bahnhof (1)** einmündet.

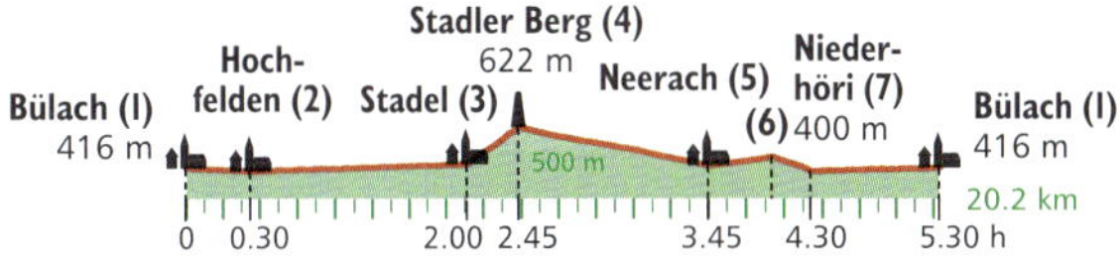

6 Die große Irchel-Rundtour

7.00 Std.

Wein, Wald und Fernsicht

Als lang gestreckter Tafelberg beherrscht der steil zum Rhein abfallende Irchel das Mündungsgebiet zwischen Töss und Thur. Sein Plateau trägt eine Reihe wunderschöner Aussichtspunkte, namentlich dort, wo die der Molasse aufliegende Nagelfluhdecke in jähen Wandstufen abbricht. Grundverschieden sind seine Flanken. Der dunklen Waldseite im Nordosten steht im Südwesten die sonnige Weinseite gegenüber, an der die Rundtour ihren Ausgang nimmt.

Ausgangspunkt: Bahnhof Pfungen, S 41 ab Winterthur, Parkplätze am Bahnhof.
Höhenunterschied: 400 m.
Anforderungen: Ausdauer.
Markierung: Gelbe Wegtafeln, unmarkierte Abschnitte.

Einkehr: Dättlikon, Freienstein, Rorbas, Tössegg, Teufen.
Variante: Von Burg Freienstein direkt zum Irchelturm. Gehzeit 4 Std., 15 km.
Karte: Wanderkarte Kanton Zürich, Blatt Nord, 1:50.000; LKS 215 T und 216 T.

Sie beginnt am **Bahnhof Pfungen (1)**, quert die Töss, gelangt zum Talguet am Fuß des Irchel und benutzt links zwischen den Rebhängen den lauschi-

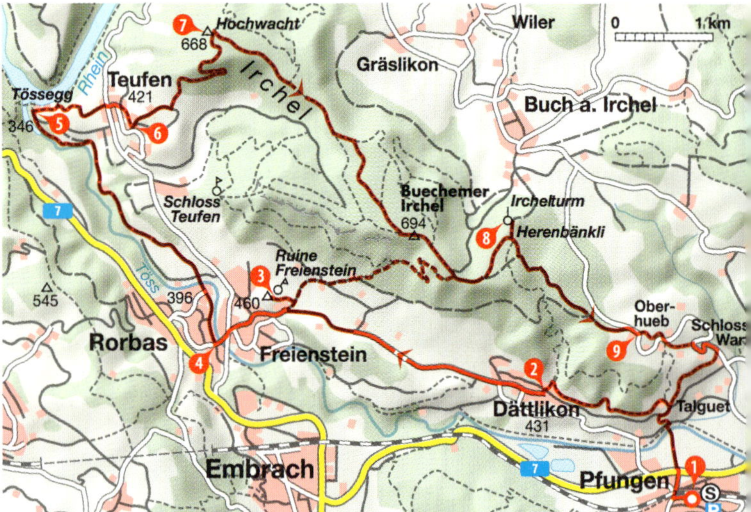

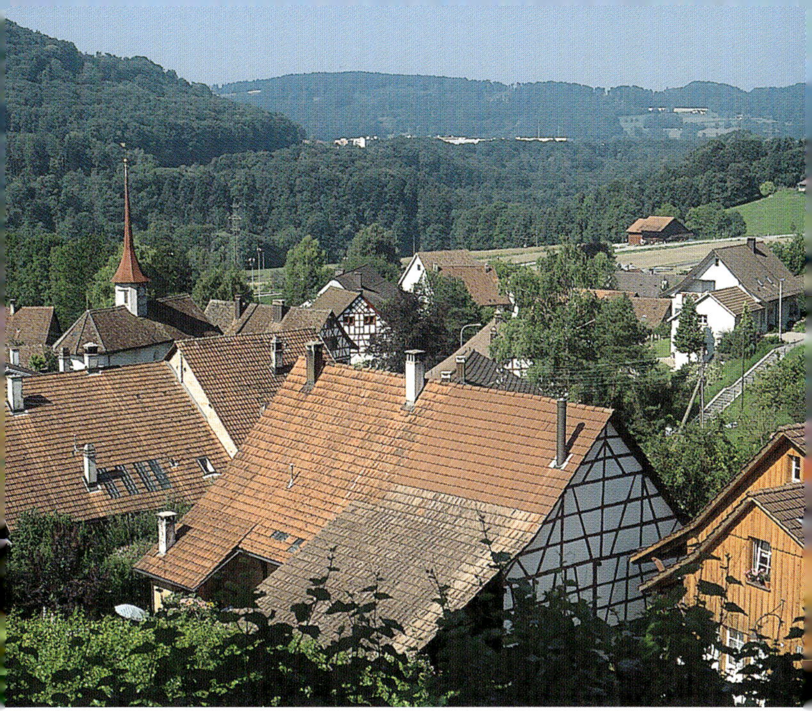

Das idyllisch im Tal eingebettet liegende Dättlikon am Irchel.

gen Hangweg bis ins schmucke Weindorf **Dättlikon (2)**. Am Ortsausgang folgt man geradeaus der Veloroute zwischen Feldern zum Lindenhof. Darüber thront wie hingemalt die Ruine der im 13. Jh. erbauten **Burg Freienstein (3)**. Tafeln erläutern ihre bewegte Geschichte, während der Turmstumpf dem Rundblick dient.

Statt des direkten Anstieges zum Irchelturm wählt man abwärts den Weg durch Freienstein ans Tössufer, wechselt über die Römerbrücke nach **Rorbas (4)**, kehrt wieder ans Ostufer zurück und folgt den Flussauen bis zur

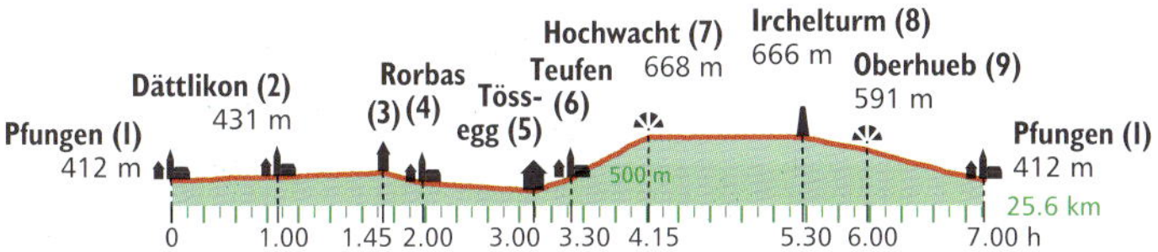

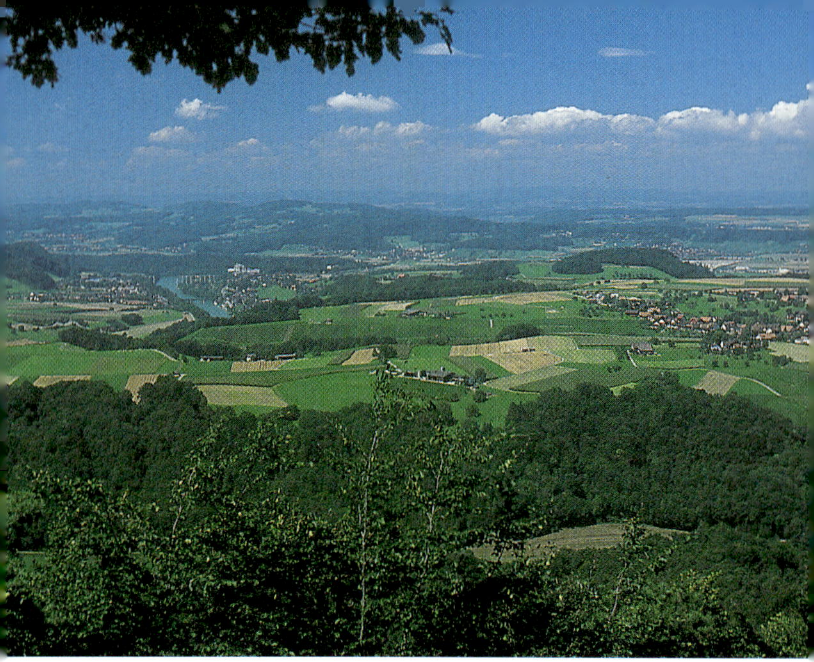

Weitreichend: Blick von der Irchel-Hochwacht nach Norden.

Tössegg (5). Rastbänke säumen den Mündungswinkel der Töss in den Rhein. Über mehrere Geländeterrassen, vorbei am Fundament eines Römischen Wachturms, wendet sich die Route aufwärts nach **Teufen (6)**. Aus dem Weinort geht es kräftig bergan zum Waldrand und in großen Kehren zum Hörnli am Rande des Irchelplateaus. Wenig später steht man an der ehemaligen Signalstation **Hochwacht (7)**. Von dieser vorgeschobenen Kanzel öffnet sich ein grandioser Blick übers Rheintal hinweg bis zum Schaffhauser Randen.

Flach ist die nächste Etappe über das buchenbestockte Hochplateau. Wer keine Umwege zu weiteren Aussichtspunkten macht, ist in einer guten Stunde am **Irchelturm (8)**. Sein Rundblick ergänzt die Hochwachtsicht um das Zürcher Oberland und weite Teile der Alpenkette.

Gegen Pfungen absteigend empfiehlt sich die Route über **Oberhueb (9)**, die hübsch die Lage der Stadt Winterthur inmitten ihrer Waldhügel zeigt. Ein Stück oberhalb von Schloss Wart verläuft der Weg dann durch die Weinberge hinab nach **Talguet**, wo sich der Kreis schließt und wir zurück zum **Bahnhof Pfungen (1)** gehen.

3.30 Std.

Rund um das Rheinstädtchen Eglisau

7

Stille Wege im Zürcher Weinland

Eglisau am Rhein zählt zu den acht Zürcher Landstädtchen mit besonderem geschichtlichen Hintergrund. Die Lage am Kreuzungspunkt des Rhein-Wasserweges mit der Handelsstraße Schaffhausen – Zürich machten aus dem einstigen Fischerdorf im 13. Jh. einen wichtigen Salzumschlagplatz. Burg, Rheinbrücke, Kirche und Befestigungsmauern wurden äußeres Zeichen einer aufstrebenden Entwicklung. Auch wenn manche historische Bausubstanz im Laufe der letzten zwei Jahrhunderte modernen Verkehrsanforderungen weichen musste, konnte sich Eglisau eines der schönsten Stadtbilder im Kanton bewahren. Wesentlichen Anteil daran hat der Weinanbau, dessen Steilterrassen über den Rheinufern dem Ort eine unvergleichliche Einrahmung verleihen. Am schönsten erlebt man die Umgebung von Eglisau auf dem Wein-Wanderweg Richtung Buchberg.

Ausgangspunkt: Eglisau; SBB-Station, Parkplätze auf der südlichen Rheinseite oder im Coop-Parkhaus.
Höhenunterschied: 150 m.

Anforderungen: Keine.
Markierung: Gelbe Wegtafeln.
Einkehr: Buchberg, Lindenhof.
Karte: LKS 1:50.000 Blatt 215 T.

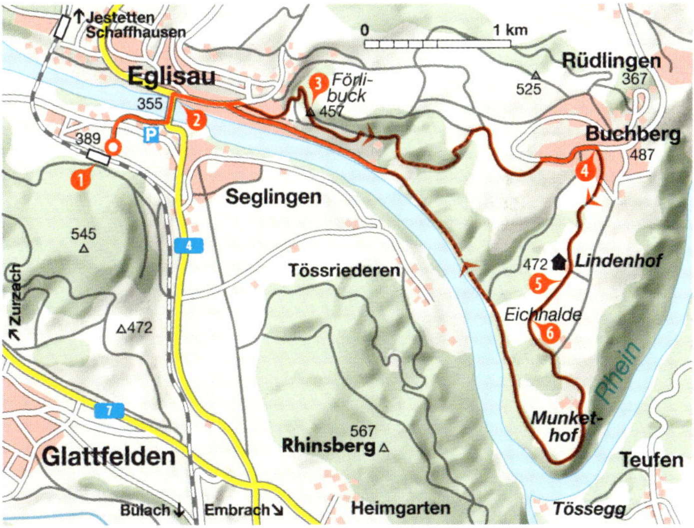

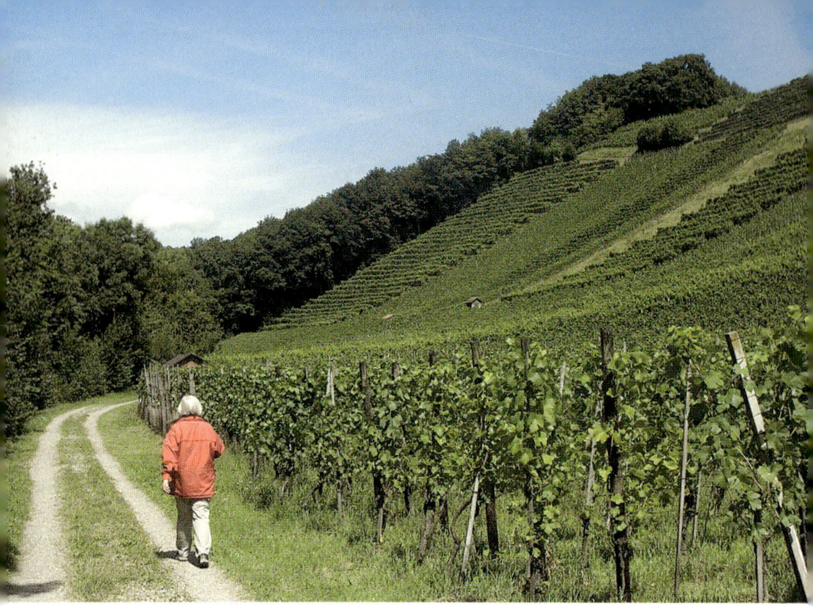

Weinlage Eichhalde am Rhein.

Von der **Station Eglisau (1)** geht es durch eine prächtige Kastanienallee zur steinernen Brücke und jenseits des Stromes rechts in der Obergasse zum Weierbach-Hus in der Ortsmitte von **Eglisau (2)**. Hier zeigt die Ausschilderung »Wein-Wanderweg« rechts in den Hinteren Stadtberg, an dessen Hängen die Rebensorten des »Eglisauer Stadtberger« gedeihen. Am Rastplatz **»Förlibuck« (3)** genießt man ein instruktives Gesamtbild von Eglisau, beherrscht von dem 63 m hohen Eisenbahnviadukt. Hinter der Förlihalde endet der eigentliche Wein-Wanderweg. Der Hinweistafel Richtung Rüdlingen folgend gelangt man links durch einen tobelartigen Einschnitt auf Zickzackpfaden empor zur Hochfläche und trifft wenig später im Weindorf **Buchberg (4)** ein, der südlichsten Gemeinde im Kanton Schaffhausen. Hier lohnt der Abstecher bis zur Kirche, um die herrliche Aussicht über Rhein, Thur und Töss zu genießen. Von der Kirche muss man wieder zurück, bis in der Hohlen Gasse der Weg zur **Tössegg** abzweigt.

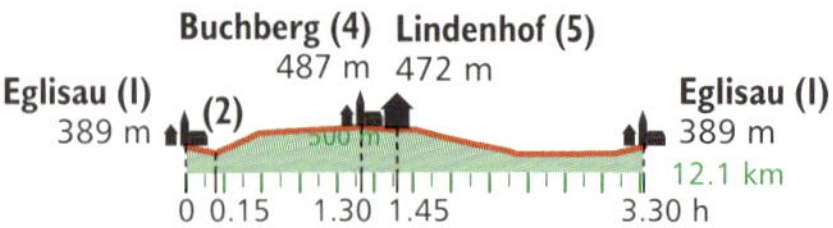

Schon bald gibt es an der **Besenbeiz Lindenhof (5)** Gelegenheit zur Stärkung. Unmittelbar danach pas-

siert man den ehemaligen Keltenwall und erreicht später den Steilrand der Weinlage **Eichhalde (6)** am Aussichtspunkt. Grandios ist der Tiefblick auf den Rhein mit Eglisau im Hintergrund.
Links leitet der Wanderweg via Murkathof hinab zum Abzweig Tössegg und wendet sich rechts unter der Eichhalde entlang, bis ein Weg direkt zum Rheinufer hinabsteigt. Lauschige Uferpfade begleiten den Strom eine Weile flussaufwärts, vorbei an zahlreichen, verschwiegenen Rastplätzen. Allzu schnell endet dieser idyllische Wanderabschnitt bei den Häusern von Oberriet. Unterhalb der Reblage von Hinter Stadtberg bummelt man schließlich zurück zur **Station Eglisau (1)**.

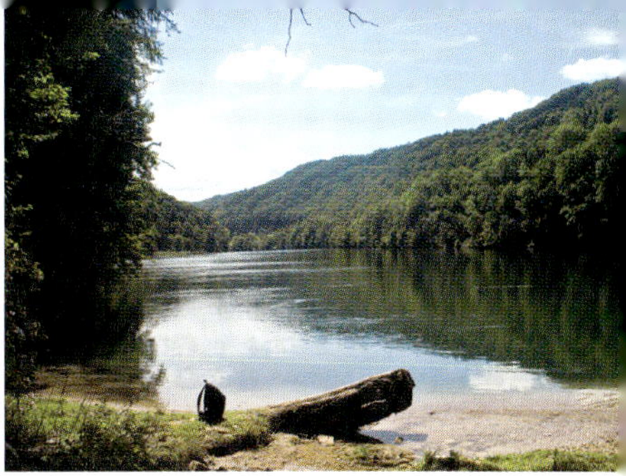

Lauschiger Rastplatz am Rheinufer.

Der Schiffsanleger Eglisau.

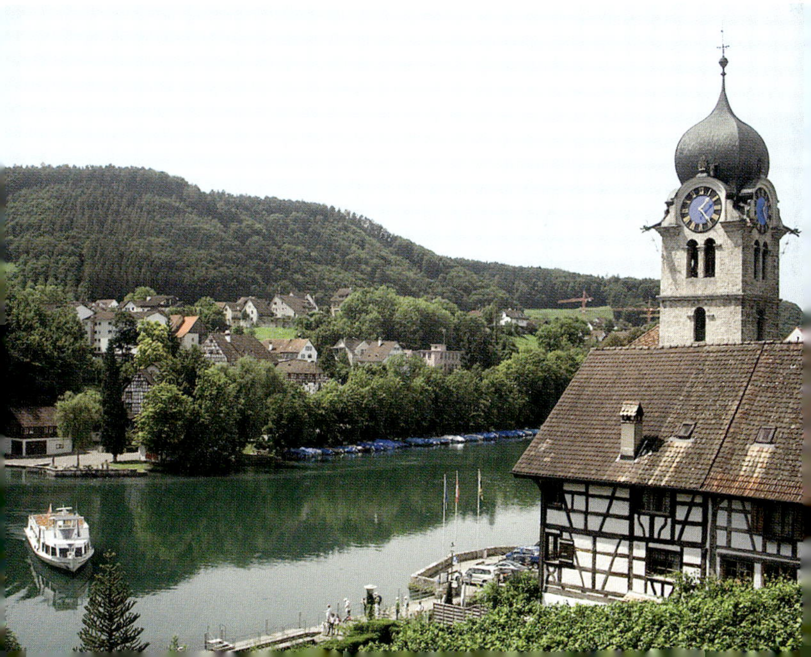

8 Von Winterthur zur Kyburg

4.00 Std.

Zur bedeutendsten Ritterburg der Ostschweiz

Winterthur, die zweitgrößte Stadt im Kanton Zürich, geht auf eine Gründung der Kyburger Grafen zurück. 1463 verliehen die Habsburger dem Marktplatz Stadtrechte, verpfändeten ihn aber bereits drei Jahre später an Zürich. Seitdem verlief die Entwicklung Winterthurs immer in Konkurrenz zu seinem übermächtigen Nachbarn. Das mag mit zu der starken Industrieansiedlung im 19. und 20. Jh. beigetragen haben. Trotzdem gilt Winterthur als Ort im Grünen, als Gartenstadt, eingebettet zwischen sieben Hügeln. Hausberg Winterthurs ist der Eschenberg. Die bewaldete Anhöhe wurde der Stadt Winterthur 1294 von Graf Rudolf IV. von Habsburg überlassen. Damit stand damals ausreichend Holz für den Bau der Stadtbefestigung zur Verfügung. Eine Erwanderung des einst »Äschaberk« genannten Eschenbergwaldes sollte auch die berühmte Kyburg auf der anderen Seite des Tösstals einschließen.

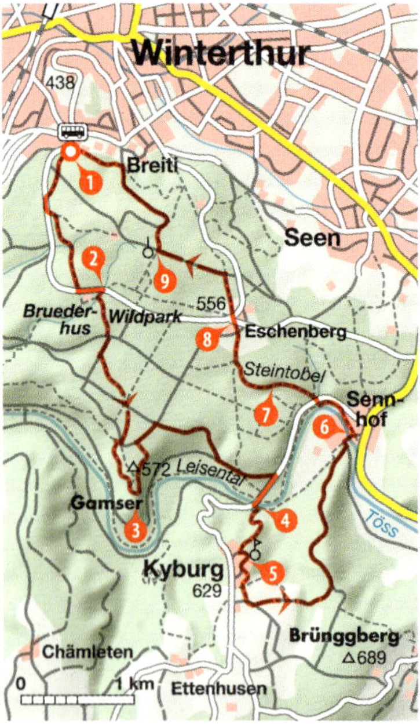

Ausgangspunkt: Winterthur, Bushaltestelle Breiti (Linie 4).
Höhenunterschied: 500 m.
Anforderungen: Einfache, aber teilweise unmarkierte Wege.
Markierung: Gelbe Wegtafeln.
Einkehr: Wildpark Bruederhus, Kyburg, Sennhof, Eschenberg.
Karte: Wanderkarte Kanton Zürich, Blatt Nord, 1:50.000; LKS 216 T.

Von der Bushaltestelle **Breiti (1)** weisen Wegtafeln durch stillen Buchenforst aufwärts zum **Wildpark Bruederhus (2)**. Sein Name geht auf eine ehemalige Einsiedelei zurück.

Von hier zunächst weiter in Richtung »Kemptthal«, bis wir auf Wegweiser treffen, die uns zu unserem nächsten Etappenziel leiten, dem **Gamser (3)**, einem vorspringenden Burghügel mit Gräben und Rastplätzen.

Richtung »Eschenberg« verläuft die Route dann zur »Chalbenweidstrasse«, die rechts hinab ins idyllische

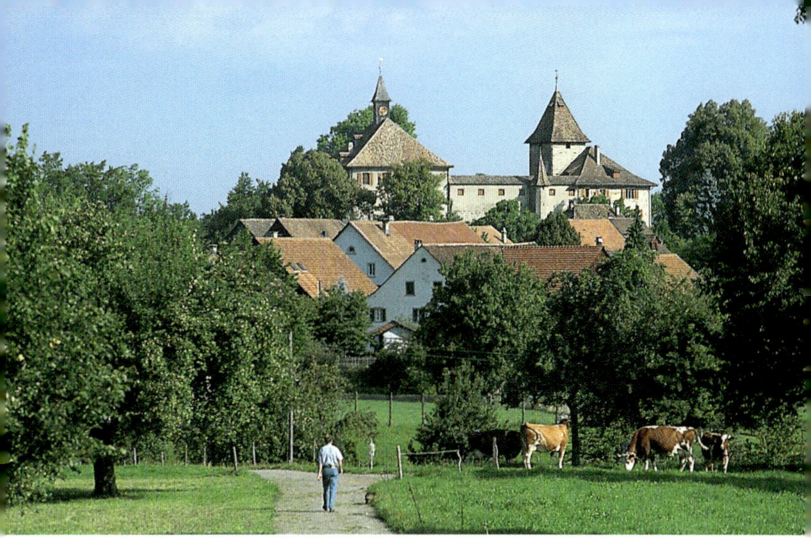

Die Kyburg zählt zu den bedeutendsten Ritterburgen der Ostschweiz.

Leisental bringt. Jenseits der holzgedeckten **Kyburger Brücke (4)** bezwingen insgesamt 666 Holzstufen den steilen Schlosswaldhang empor zur mächtigen **Kyburg (5)** mit Museum. Die im 11. Jh. gegründete Anlage ist die bedeutendste Ritterburg der Ostschweiz. Gegen die angrenzende Hochebene ist die vollständig erhaltene Anlage mittels zweier Gräben geschützt. Von hier aus schufen die Kyburger Grafen dank kluger Heiratspolitik eine Herrschaft, die vom Bodensee bis ins Bernbiet reichte.
Durch das Dorf zieht der Weg zwischen Obstwiesen zum Waldrand und senkt sich hinab nach **Sennhof (6)**. Unten benutzt man links den lauschigen Tössuferweg, ehe rechts der Anstieg im kühlen **Steintobel (7)** zur Wirtschaft Hof **Eschenberg (8)** abzweigt. Eine Flachstrecke bringt weiter zum eisernen **Aussichtsturm (9)**, der auf Winterthur und auf die Alpenkette schauen lässt. Mit dem kurzen Abstieg nach **Breiti (1)** klingt die Wanderung aus.

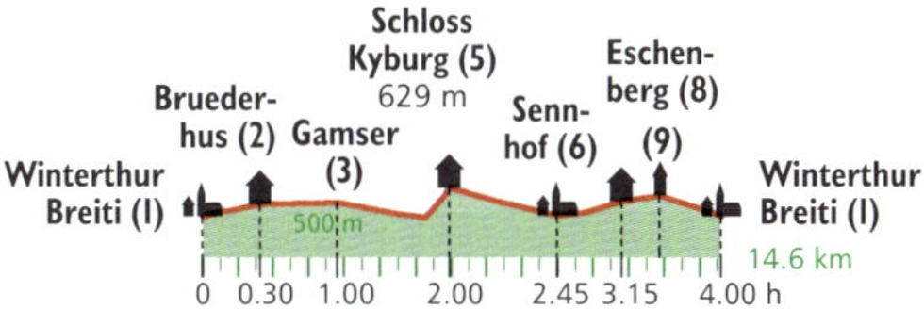

Zürcher Oberland

Glatttalmulde und Tössbergland

Zwei Talsysteme bestimmen das Aussehen des Zürcher Oberlandes, die flache Mulde des Glatttals sowie die stark modulierte Landschaft des oberen Tösstals. So grundverschieden wie ihr Erscheinungsbild ist auch die Entstehung der beiden Talschaften. Die Eisbewegungen des Linthgletschers gaben dem Glatttalbecken sein heutiges Aussehen. Zwischen Bachtel und Pfannenstiel finden sich zahlreiche Hinweise auf die eiszeitliche Vergangenheit, z. B. die Mulden des Greifen- und Pfäffikersees, die mächtigen Findlinge oder die typischen stromlinienförmig geformten Hügel, die sogenannten Drumlins, die unter strengem Naturschutz stehen.

Dagegen blieb das Tössbergland nördlich der Bachtelkette während der letzten Eiszeit gletscherfrei. Sein bewegtes Relief verdankt es den zahlreichen Fluss- und Bachläufen, die dieses Gebiet aus Nagelfluh, Sandstein und Mergel markant eingekerbt haben. Scharf ausgeprägte Bergkämme stehen über schwer zugänglichen Schluchten, in denen es romantische Wasserfälle (sogenannte Giessen) oder geheimnisvolle Höhlen zu entdecken gibt. Bachtelspalt, Täuferhöhle und Hagheerenloch sind die bekanntesten Höhlen natürlichen Ursprungs, während das Kohlenloch bei Kollbrunn von Menschenhand geschaffen wurde.

Der Wechsel von aussichtsreichen Höhen und tiefen Gräben, von Wald und Alpweiden macht das Tössbergland zu einem idealen Wandergebiet. Vor allem in den Herbst- und Wintermonaten kann man hier oben dem oftmals nasskalten Nebel des Tieflandes entfliehen. Bekanntester Berg der Region ist der turmgekrönte Bachtel, 1110 m. Daneben gelten die meisten Besuche dem aussichtsreichen Hörnli, 1133 m, sowie der höchsten Erhebung im Kanton Zürich, dem kahlhäuptigen Schnebelhorn, 1292 m. Letzteres wird an Höhe allerdings noch von Tweralpspitz, 1332 m, Chrüzegg, 1314 m, und Höchhand, 1314 m, überragt, Berge, die bereits östlich der Kantonsgrenze auf St. Galler Boden stehen. Über ihre Kämme und Grate verläuft von Aussichtspunkt zu Aussichtspunkt der Toggenburger Höhenweg. Er nimmt in Wil seinen Ausgang, durchquert das Tössbergland südwärts zum Rickenpass, strebt dann am Speer vorbei ins Obertoggenburg und endet nach insgesamt neun Etappen in Wildhaus.

Sein Pendant ist der Tössuferweg von der Quelle bei Hand bis zur Mündung in den Rhein. Dessen Verlauf gestattet durch die Berührung der Bahnhöfe im Tal die Aufteilung in drei bequeme Etappen. In Ergänzung entstand 1991 der mit 50 Lehrtafeln ausgestattete Wasserlehrpfad Töss. Erwähnenswert sind auch die Guyer-Zeller-Wege. Sie gehen auf den Großindustriellen Adolf Guyer-Zeller (1839–1899) zurück, den Initiator der Jungfraubahn. Als Naturfreund ließ er Wegweiser und Stege erstellen, um seinen Fabrikarbeitern die Schönheit ihrer engeren Heimat zu erschließen. Vom Verfall bedroht konnten

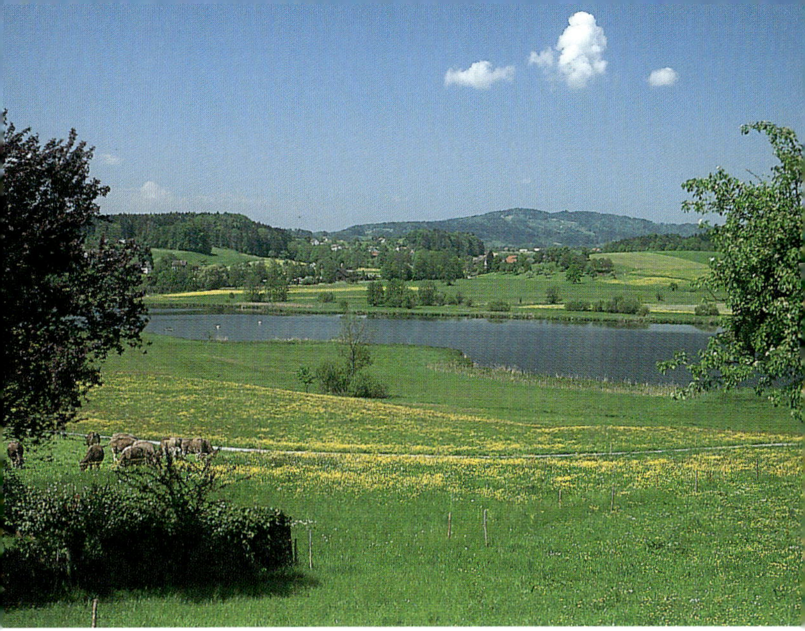

Eine Perle der oberen Glatttalmulde ist der eiszeitliche Lützelsee.

diese Wege ab 1977 wieder instand gesetzt werden. Wer ihnen folgt, erlebt das Zürcher Oberland aus schönster Perspektive. An ein besonderes Stück Kulturgeschichte erinnert der speziell beschilderte Jakobsweg. Auf ihm zogen einst die Pilger aus Süddeutschland nach Einsiedeln. Im Zürcher Oberland verläuft die Route von Fischingen via Steg bis Rapperswil.
Von Handwerk und Technik gibt zwischen Niederuster und Bauma der 30 km lange Industrielehrpfad Zürcher Oberland mit seinen insgesamt 50 Sehenswürdigkeiten Aufschluss. Das unwirtliche, schwer zugängliche Tösstal gestattete nur eine bescheidene Gewerbeentwicklung. Zu Beginn des Industriezeitalters im 19. Jh. waren es vor allem Textilfabriken, die sich hier ansiedelten, um die reichlich vorhandene Wasserkraft zu nutzen. Highlights am Industrielehrpfad sind das Sauriermuseum in Aathal sowie die Museumsspinnerei Neuthal bei Bäretswil. Letztere zeigt unter dem Motto »Sehen, Hören & Erfahren« die Herstellung von Baumwollgarn auf historischen Maschinen. Ein ganz anderes technisches Museum betreut der Dampfbahnverein Zürcher Oberland (DVZO). Dessen historische Züge verkehren von Anfang Mai bis Ende Oktober auf der Strecke Bauma – Bäretswil – Hinwil, ein heißer Tipp für alle Freunde der Dampflok-Nostalgie (www.dzo.ch).

TOP **9**

Über Tüfels Chilen zum Schauenberg

5.00 Std.

Von Giessen und Gubeln

Seinem besonderen geologischen Aufbau verdankt das Tössbergland die Vielzahl der Wasserfälle, im Volksmund Giessen genannt. Sie entstanden dort, wo unter harten Nagelfluhbänken weichere Sandstein- oder Mergelschichten vom Wasser allmählich ausgewaschen wurden, bis schließlich eine überhängende Wandstufe als sogenannter Gubel oder Balm zurückblieb. Westlich des Schauenbergs, zwischen Kollbrunn und Zell, sind einige der schönsten Giessen zu entdecken.

Ausgangspunkt: Bahnhof Kollbrunn, S 26, Parken am Bahnhof.
Endpunkt: Bahnhof Rämismühle, S 26.
Höhenunterschied: 700 m.
Anforderungen: Ausdauer.
Markierung: Gelbe Wegtafeln.
Einkehr: Unter Schlatt, Girenbad, Zell.
Variante: Rückkehr auf dem Tössuferweg von Rämismühle nach Kollbrunn (6 km).
Karte: Wanderkarte Kanton Zürich, Blatt Nord, 1:50.000; LKS 216 T.

Die wasserreiche Wanderung verlässt **Kollbrunn (1)** zum Wohngebiet Bolsternbuck, benutzt den schmalen Gratweg über den **Waldkamm (2)** und senkt sich hinab ins weltabgeschiedene **Bäntal (3)**. Schilder zeigen im engen Seitentobel aufwärts zu **Tüfels Chilen (4)**, wo sich eine Informationstafel befindet. Der Anblick dieser treppenartigen Quelltuffsteinbildung beflügelt die

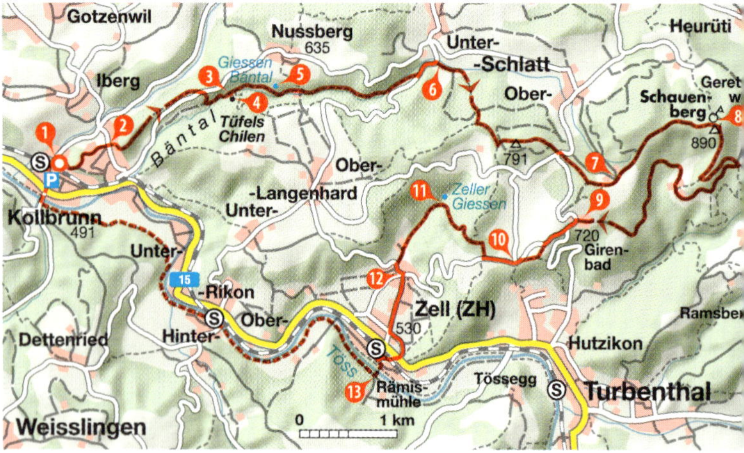

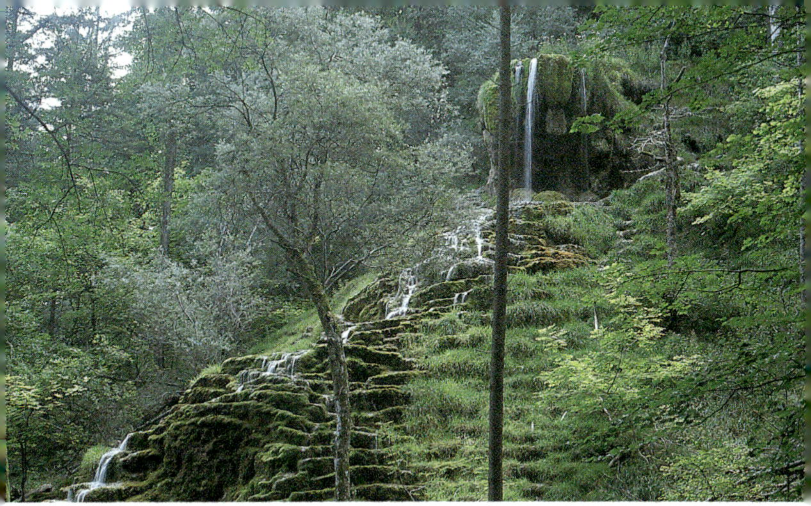

Tuffsteinabbau schuf die fantastische Kulisse von Tüfels Chilen.

Fantasie und lässt tatsächlich an einen Altar des Teufels denken. Zurück im Bäntal benutzt man den Wasserlehrpfad Töss taleinwärts zum imposanten **Giessen Bäntal (5)**. Treppen überwinden die mächtige Steilstufe. Später folgt die Erosionswand Bäntal, ehe der Weg in **Unter Schlatt (6)** eintrifft. Hier wendet sich die Route rechts durch Wald nach **Schwändi (7)** und gewinnt dahinter die freie Kuppe des **Schauenberg (8)**. Mauerreste künden von einer bedeutenden Burganlage, die bereits 1344 von Zürchern zerstört wurde. Steil geht es vom Schauenberg im Wald abwärts Richtung Hutzikertobel, ehe links ein stiller Seitenweg in den ehemaligen **Kurort Girenbad (9)** bringt. Längs der Straße erreicht man **Lettenberg (10)**. Man zweigt später rechts zum Tobelrand ab und gelangt über Stufen abwärts zum **Zeller Giessen (11)**. Vom Wasserfall verläuft ein lauschiger Tobelpfad talauswärts nach **Zell (12)**. Das in einer Nische des Tösstals gelegene Dorf ist bekannt für seinen ursprünglichen Ortskern. Die Wanderung klingt schließlich mit dem flachen Wegstück zum Bahnhof **Rämismühle-Zell (13)** aus.

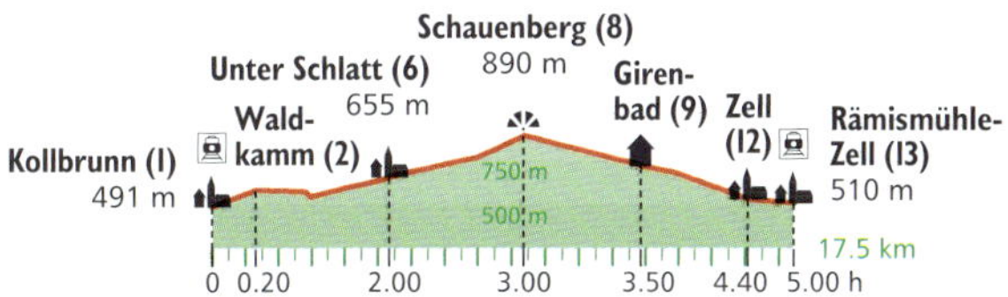

10 Rund um den Greifensee

4.30 Std.

Von Strandbad zu Strandbad

Unbeschwertes Wandern ganz ohne Anstiege verspricht eine Umrundung des stillen Greifensees. Er liegt harmonisch in einer gepflegten Kulturlandschaft eingebettet und misst trotz fortschreitender Verlandung noch 8 km². *Seine geschützten Uferpartien beherbergen in ihren Schilfbeständen und Riedwiesen eine mannigfaltige Vogelwelt. Über die SBB-Station Nänikon-Greifensee hängt dieses Wasserparadies direkt am Zürcher S-Bahnnetz.*

Ausgangspunkt: S-Bahn-Station Nänikon-Greifensee, S 14, oder Greifensee-Ortskern, Parkplätze.
Höhenunterschied: Keiner.
Anforderungen: Einfache Uferwanderung.
Markierung: Gelbe Wegtafeln.
Einkehr: Maur (Seehüser).
Variante: Im Sommerhalbjahr ab Seehüser mit dem Schiff bis Greifensee.
Tipp: Badesachen mitnehmen, evtl. Fernglas zur Beobachtung der Vogelwelt.
Karte: Wanderkarte Kanton Zürich, Blatt Nord, 1:50.000; LKS 226 T.

Von der **S-Bahn-Station (1)** sind es gut 15 Gehminuten ins alte Landvogteistädtchen **Greifensee (2)**. Wie ein Schmuckkästchen liegt der historische Ortskern mit seinen Riegelhäusern, dem Schloss und der dreieckigen Wehrkirche am Seeufer. Zürcher Landvögte verwalteten nach 1404 von hier aus einen Großteil der heutigen Region Uster. Gelbe Tafeln markieren ab der Schifflände links haltend den ruhigen Uferweg. Erstes Etappenziel ist das **Strandbad Niederuster (3)**. Zwischen Kiesgruben und Kiesgrubensee nähert sich der Weg **Riedikon (4)**. Im Biotop nahe beim Schiffssteg steht für Vogelfreunde eine Beobachtungsplattform. Etwas unschön ist das Straßen-

Lädt zur Schiffsrundfahrt ein: der Greifensee.

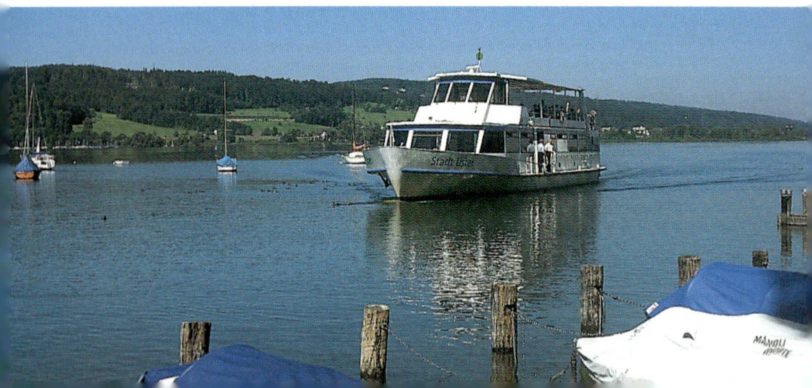

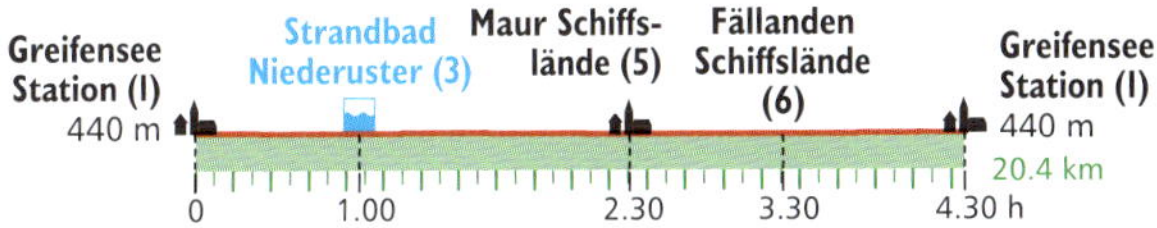

stück bis zur Einmündung des Aabachs. Nach dem **Strandbad Egg** folgt der Weg dem Seeufer am Landsitz Fluh vorbei zur **Schifflände Maur-Seehüser (5)**. Wer hier schon des Wanderns müde ist, kann das Rundfahrtschiff zurück bis Greifensee nehmen. Ansonsten geht es am stimmungsvollen Ufersaum entlang nach Rohr, dem idyllisch gelegenen **Schiffsanleger Fällanden (6)**. Durch Riedlandschaft wendet sich die Route dem **Glattausfluss (7)** zu und taucht hinter dem Steg in den Schilfgürtel des Naturschutzgebietes ein. Nach Verlassen der Riedlandschaft schließt sich der Kreis mit dem Flurweg Richtung **Greifensee (2)**. Von dort geht es zurück zur **S-Bahn-Station (1)**.

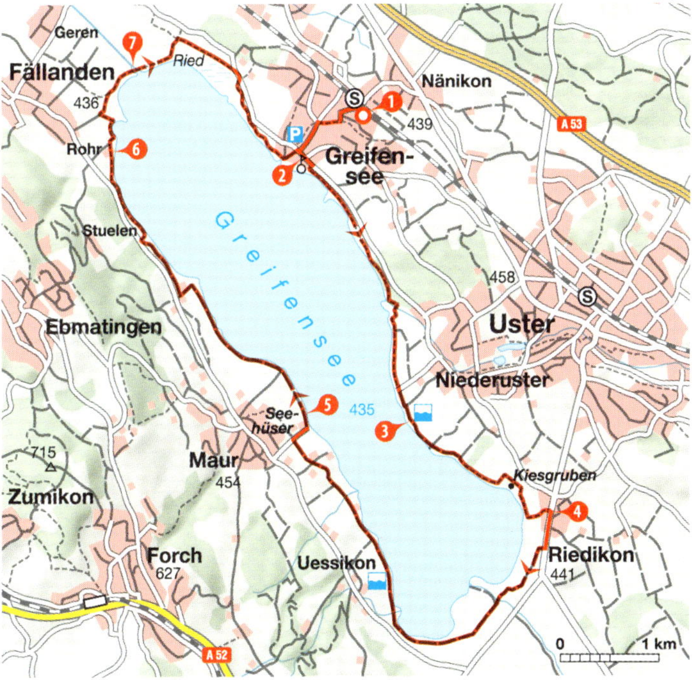

11 Vom Zürichsee auf den Pfannenstiel

5.45 Std.

Zwei romantische Tobel und zwei Burgruinen

Für die Bewohner der »Goldküste«, wie das Nordwestufer des Zürichsees wegen der vielen dort lebenden Millionäre heißt, bedeutet der bewaldete Rücken des Pfannenstiel ein Stückchen Bergnatur dicht vor der eigenen Haustür. Entstanden ist der sanft geformte Molassekamm während der letzten Eiszeit. An seinen Flanken hat der Linthgletscher mächtige Findlinge zurückgelassen und durch verschiedene Seitenmoränen stark zur Aufgliederung beigetragen. Bemerkenswert sind die zahlreichen Tobel, durch die sich der Pfannenstiel zum Zürichsee hin entwässert. Sie bilden an seinen dicht besiedelten Hängen so etwas wie naturbelassene Anstiegsrouten. Das längste und bekannteste ist das Küsnachter Tobel.

Ausgangspunkt: S-Bahn-Station Küsnacht, S 16, Schiffsstation. Parkplätze am Bahnhof.
Endpunkt: S-Bahn-Station Meilen, S 16, Schiffsstation.
Höhenunterschied: 400 m.
Anforderungen: Keine.

Markierung: Gelbe Wegtafeln.
Einkehr: Forch, Pfannenstiel.
Abkürzung: Wenn man von Tobelmühli direkt zum Pfannenstiel geht, ist die Strecke 3 km kürzer.
Karte: Wanderkarte Kanton Zürich, Blatt Süd, 1:50.000; LKS 225 T und 226 T.

Wasserreich: Wanderweg im Küsnachter Tobel.

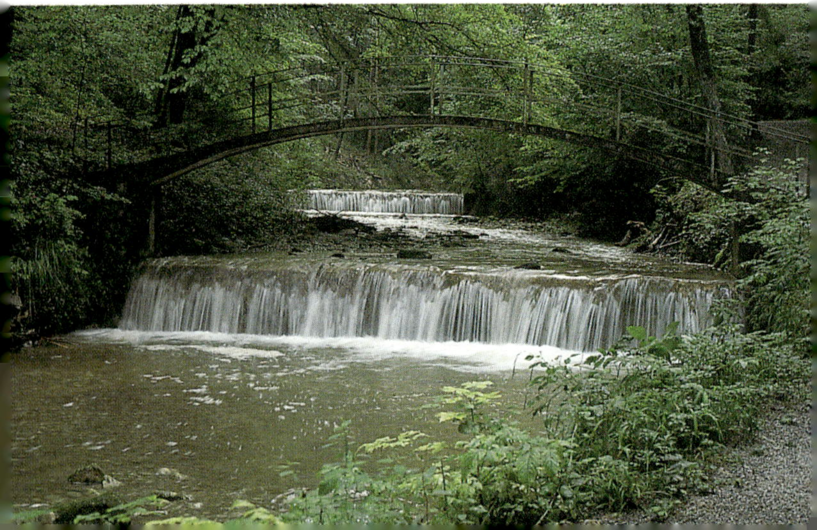

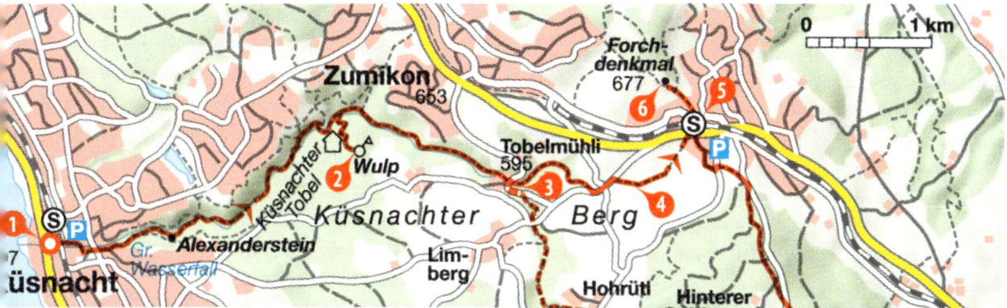

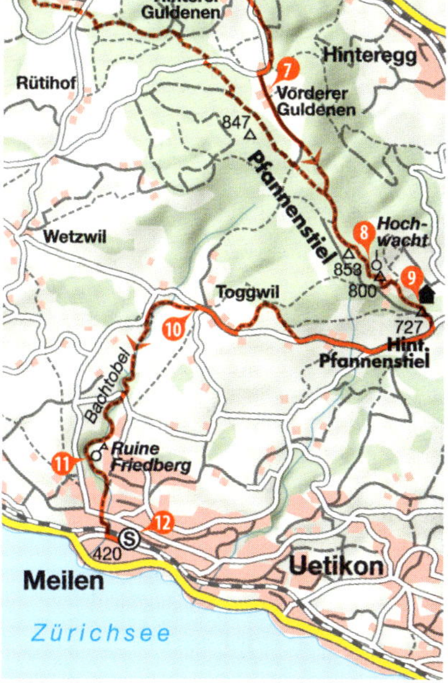

Der Zugang beginnt beim Ortsmuseum, wenige Minuten oberhalb des Bahnhofs von **Küsnacht (1)**. Eine Findlingsgruppe und der Große Wasserfall bilden den Auftakt. Nächste Station ist der mächtige **Alexanderstein**. Hinter der Schutzhütte gilt ein kurzer Abstecher (Treppenweg) den Mauerresten der im 12. Jh. angelegten **Burg Wulp (2)**. Später, in **Tobelmühli (3)**, findet der Tobelweg links seine Fortsetzung im engen Wangener Tobel. Ab **Wangen (4)** leiten dann Feldwege zur **Station Forch (5)**. Etwas oberhalb steht das **Forchdenkmal (6)**, errichtet zur Erinnerung an die Wehrmänner des Ersten Weltkrieges. Der weitere Weg zum Pfannenstiel kreuzt die Expressstraße, gewinnt die bewaldete Kammhöhe und erreicht via **Vorderen Guldenen (7)** den Aussichtsturm auf der **Hochwacht (8)**.

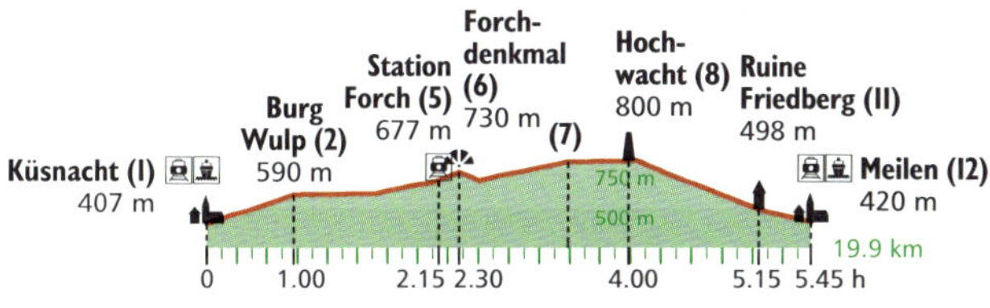

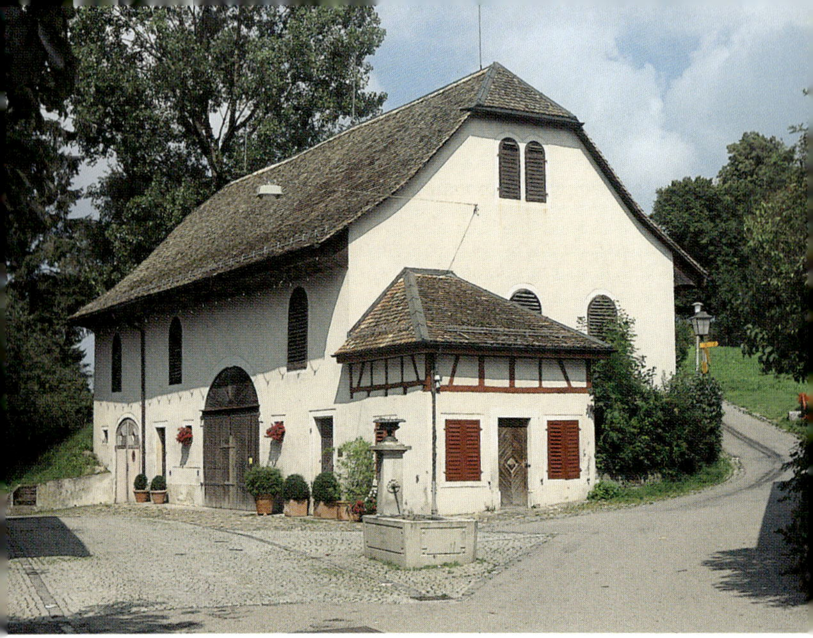

Am Weg zum Forchdenkmal.

Gemütliche Einkehr verspricht zwei Wegkehren tiefer das **Bergrestaurant (9)**. Unter Bäumen liegt hier ein weiterer großer Findling, der Okenstein.

Wasserfall im Bachtobel.

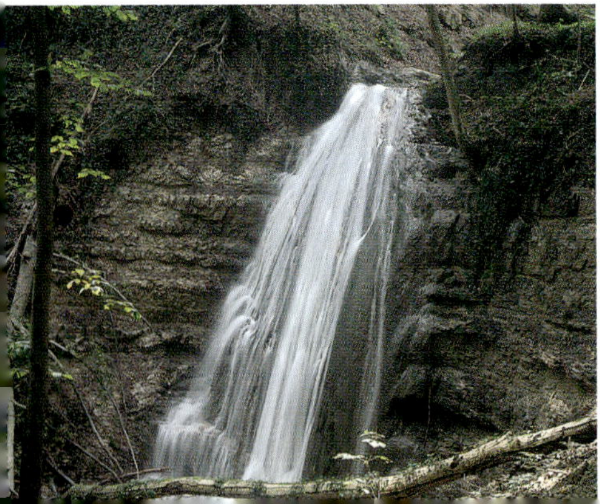

Der Abstieg zurück zum Zürichsee führt zuerst nach **Toggwil (10)**. Dort mündet er in das romantische Bachtobel. Unterhalb des Wasserfalls berührt der Weg die Grundmauern der im 12. Jh. erbauten **Burg Friedberg (11)**, dann geht es auf treppenreichem Tobelweg hinab nach **Meilen (12)**. Wer die Wanderung mit einer Schiffsreise abschließen will, bummelt durch den Ortskern zum Seeufer.

5.00 Std.

Zwei Moorseen im stillen Bauernland 12

Lützelsee, Egelsee und Ritterhus Bubikon

Diese Wanderung verläuft durch stilles, kleinräumiges Bauernland. Rundhöcker, verträumte Seeaugen und Riedmulden hat der eiszeitliche Linthgletscher hier zurückgelassen. Informationstafeln erklären geologische Zusammenhänge und lassen zudem an historischen Plätzen die Vergangenheit lebendig werden.

Ausgangspunkt: Bahnhof Bubikon, S 5, Parken am Bahnhof.
Höhenunterschied: 200 m.
Anforderungen: Wenig Schatten, stellenweise Hartbelag.
Markierung: Gelbe Wegtafeln.
Einkehr: Bubikon-Dorf, Grüningen, Lützelsee, Ritterhus.
Hinweis: Bademöglichkeit am Lützel- und Egelsee.
Karte: Wanderkarte Kanton Zürich, Blatt Süd, 1:50.000; LKS 226 T.

Die Rundtour beginnt am **Bahnhof Bubikon (1)** mit dem Wegabschnitt durch **Bubikon-Dorf (2)** Richtung Grüningen. Im sanftgewellten Grünland geht es zunächst zum Weiler **Landsacher-Sennschür (3)**, dann zwischen

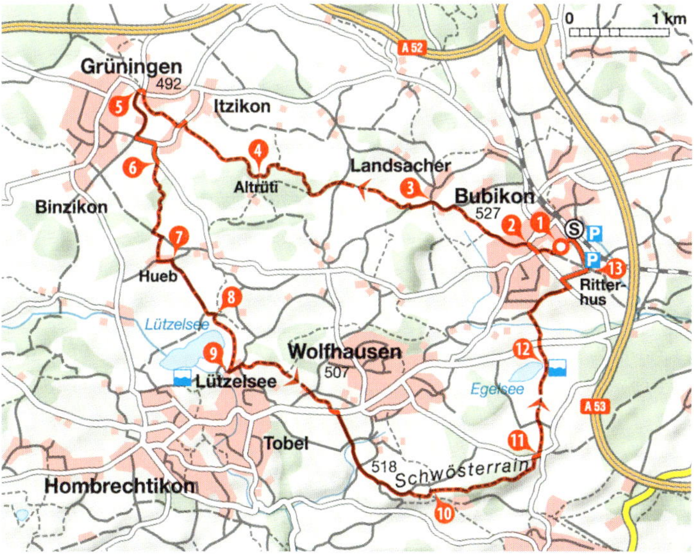

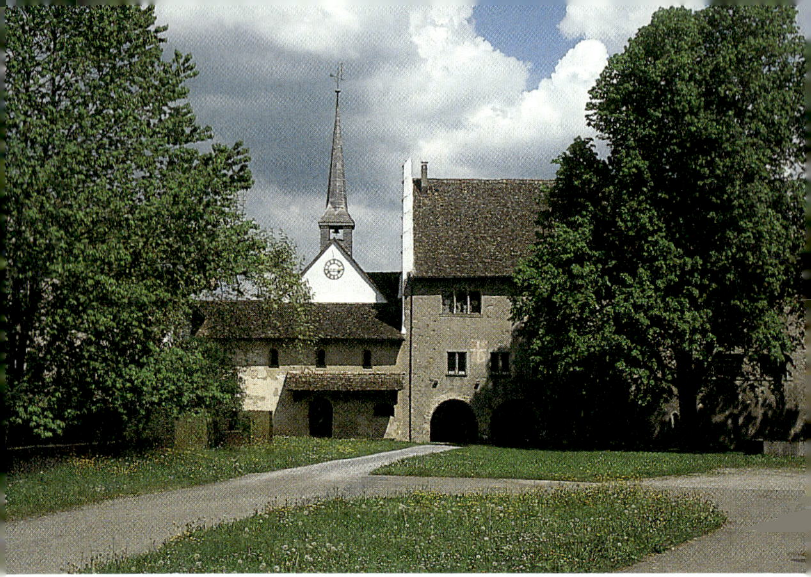

Nach dem Alten Zürichkrieg 1443 wieder aufgebaut: Ritterhus Bubikon.

Riedland zur Anhöhe **Altrüti (4)**, vorbei am Dörfchen Itzikon und schließlich durchs idyllische Töbli empor nach **Grüningen (5)**. Das malerisch auf einem Hügel gelegene Landstädtchen mit seinen dicht ums Schloss gedrängten alten Häusern ist eine Gründung der Herren von Regensberg aus dem 13. Jh. Wegen seines ursprünglichen Charakters steht der Ortskern inzwischen unter Denkmalschutz.

Längs der Aa verlässt die Tour Grüningen nahe am **Botanischen Garten (6)** vorbei, führt zum Weiler **Hueb (7)** und erreicht hinter dem Heimwesen **Hasel (8)** den stimmungsvollen **Lützelsee (9)**. Mit seinen schwimmenden Inseln ist er ein bekanntes Naturschutzgebiet. Wenig oberhalb liegt der gleichnamige Weiler, in dem zwei typische Weinbauernhäuser Beachtung verdienen. Von dort senkt sich der Weg abwärts in eine Talmulde und gewinnt im Gegenanstieg den Geländerücken **Schwösterrain (10)**. Am Platz einer vormaligen Hochwacht öffnet sich ein herrlicher Blick auf den Zürichsee.

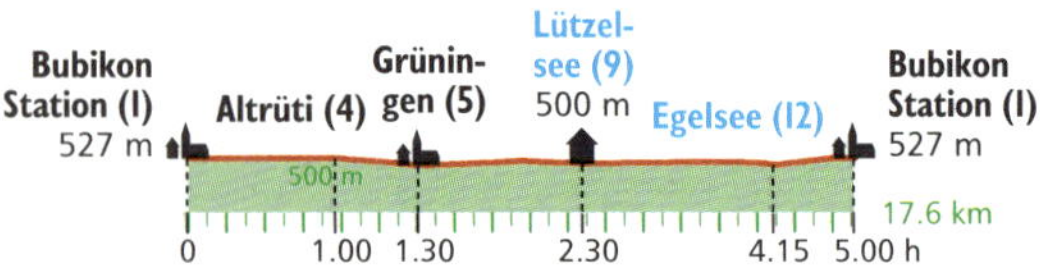

Im Wechsel von Wald und Feldflur führt die Route ins Anwesen **Barenberg (11)**, passiert die »Badi« am kleinen **Egelsee (12)** und gelangt endlich zum **Ritterhus Bubikon (13)**. 1192 gründete es Diethelm von Toggenburg als Komturei des Johanniterordens. Es war zugleich Spital und Herberge und bot allen Verfolgten Asyl für 60 Tage. Nach der Reformation wechselten wiederholt die Besitzverhältnisse. Das Anwesen wurde zweckentfremdet und verfiel. Erst ab 1936 begann die umfassende Restauration. Heute zeigt ein Museum die Geschichte Bubikons und des Johanniterordens. Das letzte Wegstück zum nahen **Bahnhof Bubikon (1)** verläuft neben der Straße.

Weinbauernhaus in Lützelsee.

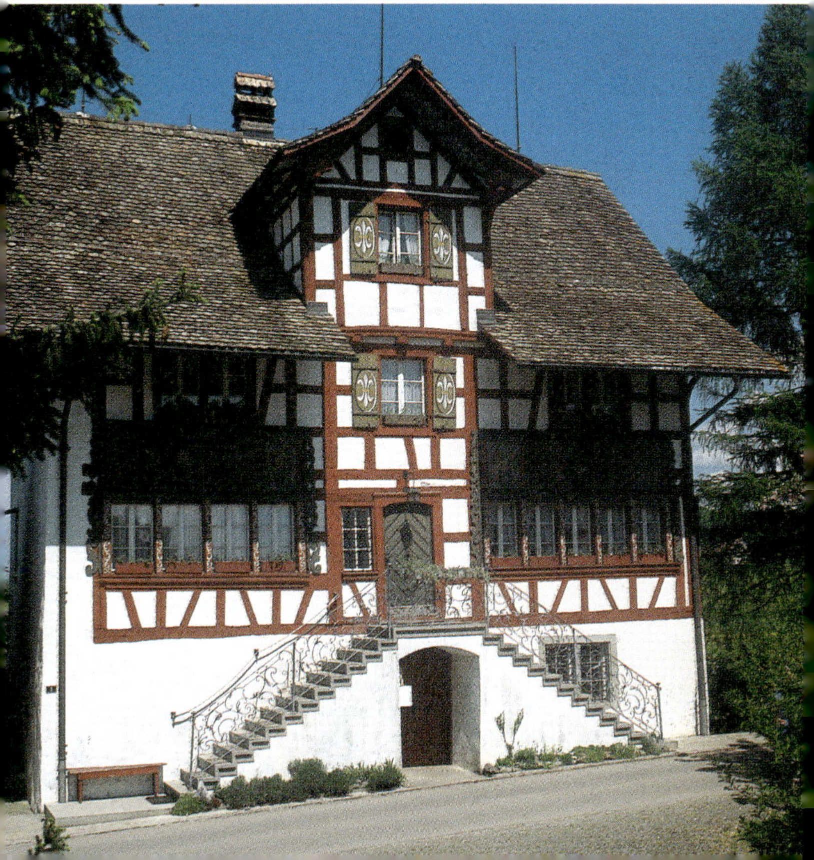

13 Das Römerkastell am Pfäffikersee

5.00 Std.

Durch Tobel- und Riedlandschaft

Am idyllischen Ostufer des Pfäffikersees liegt auf einem weithin sichtbaren Moränenhügel das Römerkastell Irgenhausen. Es gilt als die größte römische Wehranlage in der Ostschweiz und bildet den Aufhänger zu einer netten Rundwanderung. Zwei stimmungsvolle Tobel sowie der Dreiseenblick Rosinli sorgen unterwegs für die nötige Abwechslung.

Ausgangspunkt: Bahnhof Pfäffikon (ZH), S 3, Parkplätze.
Höhenunterschied: 400 m.
Anforderungen: Ausdauer.
Markierung: Gelbe Wegtafeln.
Einkehr: Oberhittnau, Rosinli, Adetswil, Kempten.

Variante: Wenn man beim Rückweg vom Rosinli den Weg via Hofhalden und Auslikon zum Römerkastell nimmt, kann man die Wanderung um 4 km bzw. 1 Std. verkürzen.
Karte: Wanderkarte Kanton Zürich, Blatt Nord, 1:50.000; LKS 226 T.

Ausgangspunkt ist der Bezirkshauptort **Pfäffikon (1)**. Vom Bahnhof geht es zum Stauweiher am Waldrand und von dort aufwärts durch das schattige

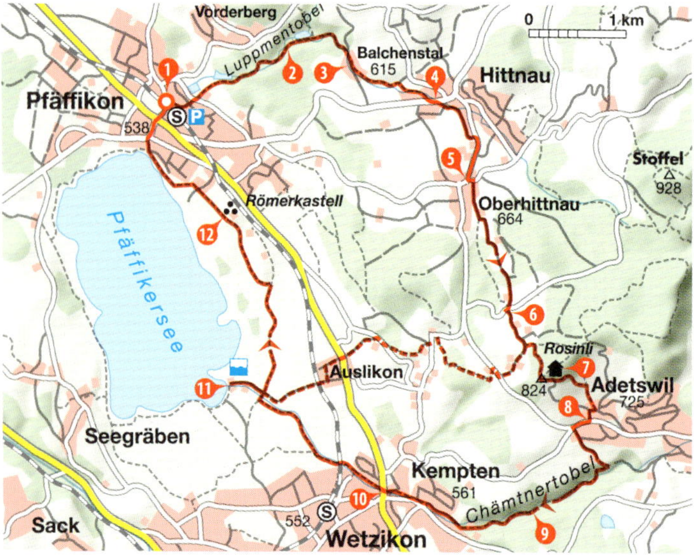

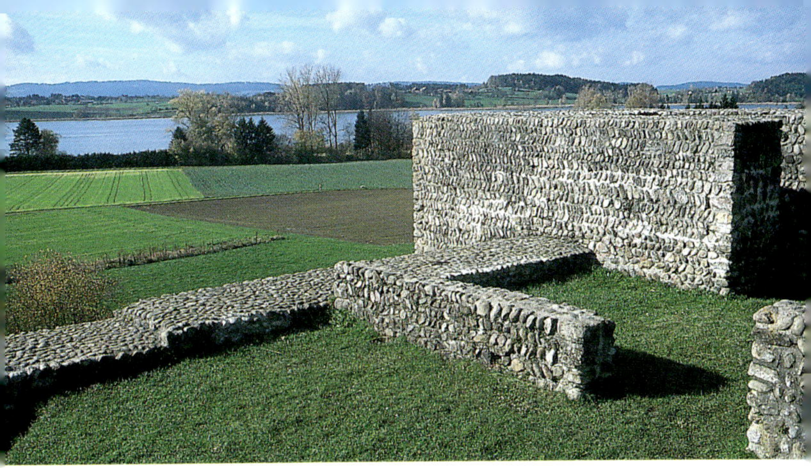

Dicht am Pfäffikersee liegt das Römerkastell Irgenhausen.

Luppmentobel (2). Mächtige Nagelfluhbänke und ein kleiner Wasserfall verleihen dieser Etappe eine besondere Stimmung. Hinter der Mühle **Balchenstal (3)** erreicht der Weg die Gemeinde **Hittnau (4)**. Ab hier leitet die Route nach **Oberhittnau (5)** und vor der waldreichen Kulisse des Stoffel zum Weiler **Wilen (6)** und gewinnt allmählich die Anhöhe **Rosinli (7)**, 824 m. Über Pfäffiker-, Greifen- und Zürichsee hinweg reicht der Blick bis zur Alpenkette. Vom Berggasthaus wendet man sich abwärts nach **Adetswil (8)** und biegt anschließend in das wildromantische **Chämtnertobel (9)** ein.
Nächste Station ist **Kempten (10)**. Vom Ortsausgang weisen die Schilder längs des Chämtnerbaches zum **Strandbad Auslikon (11)** am Pfäffikersee. Auf dem stillen Seerundweg durch das Naturreservat der Riedlandschaft ist es jetzt, zurück am Wegweiser, nicht mehr weit bis zum **Römerkastell Irgenhausen (12)**. Die um 294 n. Chr. errichtete Anlage diente als Sperrfort an der Verkehrsachse Chur – Winterthur. Ihre zwei Meter dicken Mauern aus unbehauenen Feldsteinen bilden ein Quadrat von 60 m Länge mit insgesamt acht Wehrtürmen. Wahrscheinlich wurde das Kastell bereits um 400 n. Chr. beim Alamannensturm zerstört. Anschließend bringt der Seerundweg dicht an der geschützten Uferzone wieder zum Ausgangspunkt **Pfäffikon (1)** zurück.

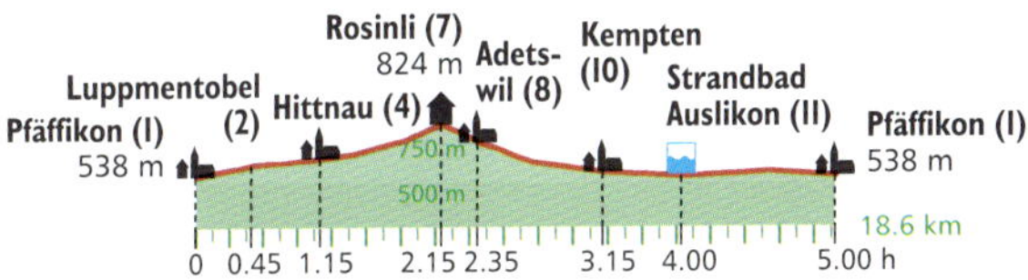

TOP **14**

Auf den Bachtel

5.00 Std.

Von der Täuferhöhle zum Bachtelspalt

Der auffällig isolierte Bachtel ist das beliebteste Ausflugsziel im Zürcher Oberland. Gipfelgasthaus, Liegewiese, Kinderspielplatz und Aussichtsturm bieten für jeden etwas. Ein dichtes Wegenetz eröffnet dem Wanderer viele Möglichkeiten. Besondere Abwechslung bietet die Überquerung von Fischenthal nach Wald, weil sie mehrere geologische Formationen berührt.

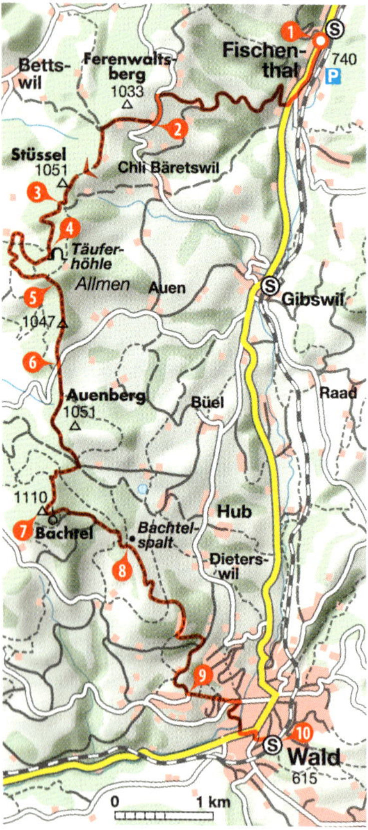

Ausgangspunkt: Bahnhof Fischenthal, S 26, Parkplätze am Bahnhof.
Endpunkt: Bahnhof Wald, S 26.
Höhenunterschied: 500 m bzw. 850 m.
Anforderungen: Vorsicht im Bachtelspalt.
Markierung: Gelbe Wegtafeln.
Einkehr: Bachtel-Kulm.
Karte: Wanderkarte Kanton Zürich, Blatt Süd, 1:25.000; LKS 226 T.

Nach dem **Bahnhof (1)** lautet das erste Etappenziel **Ferenwaltsberg (2)**, erreichbar auf wenig frequentierten, unmarkierten Alpsträßchen. Von dort wendet sich die Route via **Frauenbrünneli (3)** rechts auf einem Seitenkamm hinab, bis rechts ein steiler Treppenweg abwärts zur **Täuferhöhle (4)** bringt. Nach regenreichen Tagen liegt ihr Eingang hinter einem Wasserfall. Die anfangs 3 m hohe und 20 m breite Höhle führt 10 m weit ins Berginnere. Ihren Namen verdankt sie den Wiedertäufern, deren Anhänger – von der Lehre Zwinglis unterdrückt – hierher in die Allmenwälder flüchteten.

Weiter hinab durch das Holensteintobel, bis wir nach einem Forsthaus linker Hand in einen unmar-

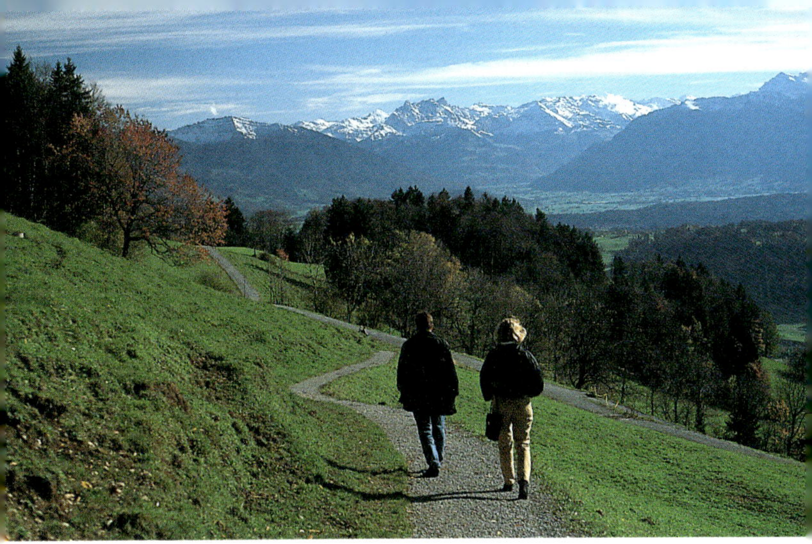

Abstieg vom Bachtel: Blick gegen Schäner Berg und Mürtschenstock.

kierten Weg einbiegen können, der uns wieder hinauf zu einem markierten Weg bringt. Nach links und weiter steil ansteigend zum **Allmenkamm (5)**. Ein bequemer Kammweg führt jetzt via **Egg (6)** hinüber zum **Bachtel (7)**, 1110 m, der zuletzt auf einem breiten Treppenweg erklommen wird. Sein Wahrzeichen ist der schlanke PTT-Turm. Auf dessen Plattform öffnet sich ein fesselndes Panorama: das nahe Oberland im Waldesgrün, dazwischen die hellen Flächen der Mittellandseen und dahinter die vielgezackte Alpenkette. Absteigend geht es ostwärts nach Unterbachweid und weiter auf ausgeschildertem Weg zum **Bachtelspalt (8)** mit Rastplatz. Es ist aufregend, sich zwischen den Nagelfluhwänden in die 8 m tiefe und 50 m lange Felskluft hineinzuzwängen. Nach dem sehr engen Einstieg wird der Spalt nach unten hin immer breiter. Zurück an der Oberfläche leitet die Route südwärts über Alpgelände zum Weiler **Tänler (9)**, ehe die Wanderung in einer längeren Gefällstrecke nach **Wald (10)** ausklingt.

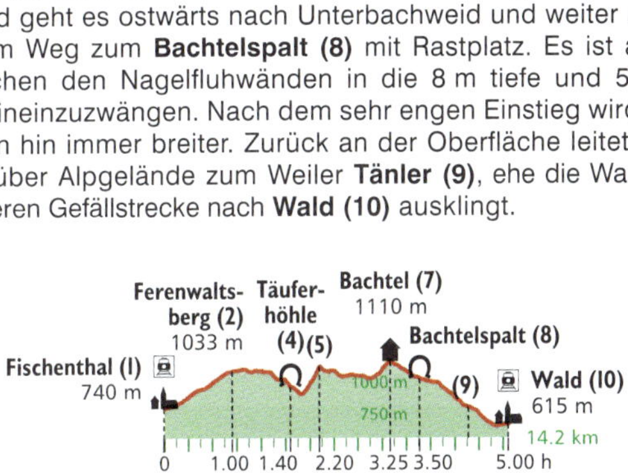

15 Sternenberg und Hagheerenloch

4.30 Std.

Zur geheimnisvollen Höhle im Zürcher Oberland

Im Tösstal gibt es zahlreiche natürliche Höhlen, entstanden durch Auswaschung weichen Gesteins unter einer härteren Deckschicht. Eine der bekanntesten ist das sagenumwobene Hagheerenloch bei Bauma, dem diese Rundwanderung gilt.

Ausgangspunkt: S-Bahn-Station Bauma, S 26, Parkplätze am Bahnhof.
Höhenunterschied: 600 m.
Anforderungen: Ausdauer.
Markierung: Gelbe Wegtafeln.
Einkehr: Sternenberg.
Karte: Wanderkarte Kanton Zürich, Blatt Nord und Blatt Süd, 1:50.000; LKS 226 T.

Vom Richtungsweiser an der **Station Bauma (1)** wählt man nicht die direkte Route, sondern quert die Töss und folgt dem Guyer-Zeller-Weg durch Weiden und Wald empor zum steilen Burghügel der **Ruine Alt Landenberg (2)**.

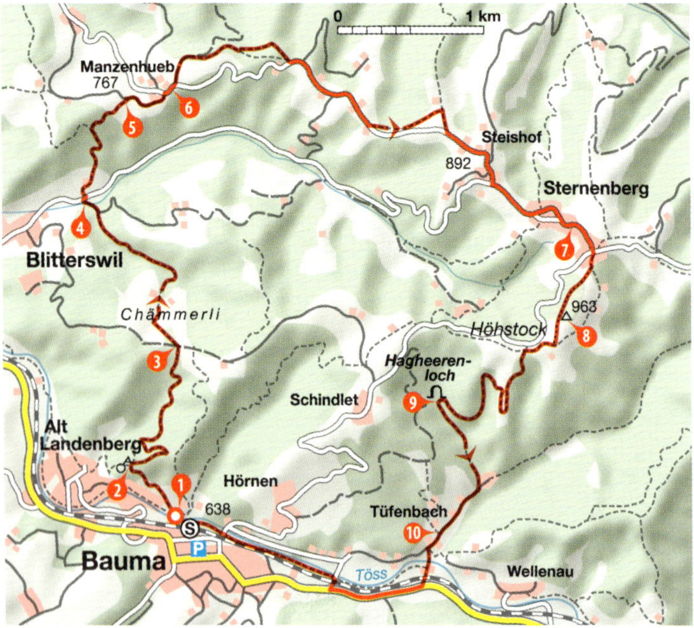

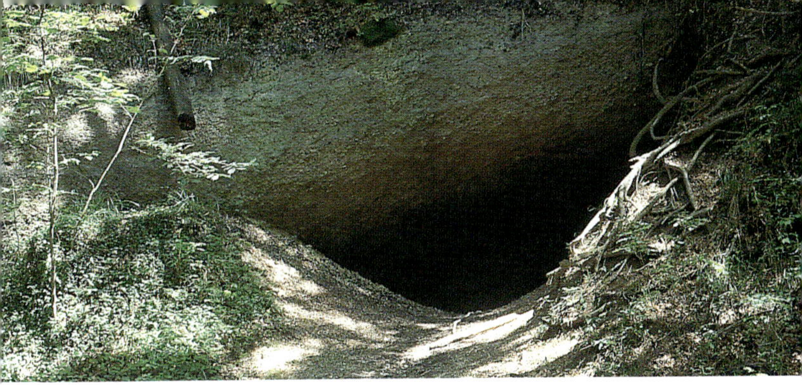

Geheimnisumwittert: Eingang zum Hagheerenloch.

Die Chronik berichtet, dass die im 12. Jh. erbaute Burg verschiedenen Lehnsträgern diente, ehe sie ab 1544 allmählich verfiel. Erhalten sind stattliche Mauerreste und ein 13 m tiefer Sodbrunnen. Im Wald gewinnt der Weg anschließend die Anhöhe **Chämmerli (3)** und senkt sich dann im romantischen Chämmerlitobel mit seinen Giessen und Nagelfluhwänden hinab ins **Lochbachtal (4)**. Ein neuerlicher Anstieg bringt über das **Tüelenegg (5)** nach **Manzenhueb (6)**. Vom kleinen Weiler leitet ein Höhenweg über den sanft geschwungenen Kammrücken mit seinem typischen Wechsel von Weide- und Waldkuppen hinauf zum Kirchlein von **Sternenberg (7)**. Hier oben, in der höchstgelegenen Gemeinde des Kantons Zürich, liegt dem Wanderer ringsum die zerklüftete Welt des Tössberglandes zu Füßen. Noch schöner wird die Aussicht, wenn man von der Straßenkreuzung rechts auf dem Waldlehrpfad den schmalen **Höhstock (8)** erklommen hat (Rastbank). Über die Kammwogen des Oberlandes hinweg reicht der Blick bis in die Glarner Alpen. Der Wanderweg selbst verläuft um den Höhstock herum, passiert den gleichnamigen Hof und wendet sich links im Wald hinab zum **Hagheerenloch (9)**. Die Höhle unter der Nagelfluhdecke ist etwa 30 m lang und soll in früheren Jahrhunderten Wiedertäufern als Unterschlupf gedient haben. Es wird auch vermutet, dass die Höhle einem Hagheern (Burgherrn) als Gefängnis diente. Zürcher Sagen berichten dagegen von Schlangen, Drachen und Schatzsuchern. An zwei imposanten Wasserfällen vorbei führt die Route talauswärts bis **Tüfenbach (10)**, mündet später ins Tösstal ein und benützt den Tössuferweg zurück nach **Bauma (1)**.

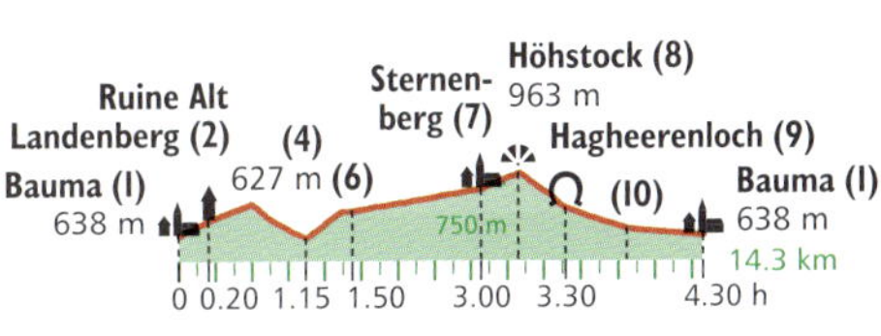

TOP **16**

Über Schnebelhorn und Hörnli

6.45 Std.

Vom höchsten zum schönsten Gipfel im Kanton Zürich

Das an Aussichtspunkten wahrlich nicht arme Zürcher Oberland besitzt mit Hörnli, 1133 m, und Schnebelhorn, 1292 m, zwei der schönsten Logenplätze vor der Alpenkette. Beide lassen sich zu einer anregenden Rundtour kombinieren, mit allem, was die Natur ringsherum an Höhen und Tiefen, Bergrücken und Talsenken zu bieten hat.

Ausgangspunkt: Bahnhof Steg, S 26, Parken am Bahnhof.
Höhenunterschied: 900 m.
Anforderungen: Ausdauer.
Markierung: Gelbe Wegtafeln.
Einkehr: Tierhag, Hulftegg, Hörnli-Kulm.
Karte: Wanderkarte Kanton Zürich, Blatt Süd, 1:50.000; LKS 226 T.

Vom **Bahnhof Steg (1)** folgt man dem Wanderweg via Boden und Schwarzengrund bis **Orüti (2)**. Dort zweigt links ein Weg ab, der über dem stillen Brüttental allmählich an Höhe gewinnt und am schmalen Kammverlauf die Einsattelung **Bärloch (3)** erreicht. Bequem ist die nächste Etappe nördlich am steilen Warten entlang zum **Gasthaus Tierhag (4)**. Über einen steilen Weidehang und die oberste Krete erklimmt man anschließend die kahle Kuppe des **Schnebelhorns (5)**, mit 1292 m höchster Punkt im Kanton Zürich. Das zweite Gipfelziel, das Hörnli, zeigt sich mit einprägsamer Silhouette genau im Norden, am Ende eines weich geformten Verbindungsgrates. Die-

Mit einprägsamer Silhouette zeigt sich das Hörnli von Norden.

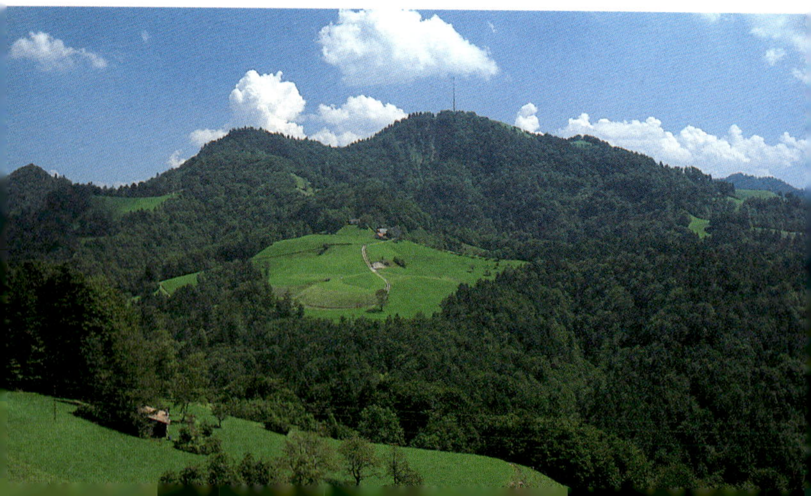

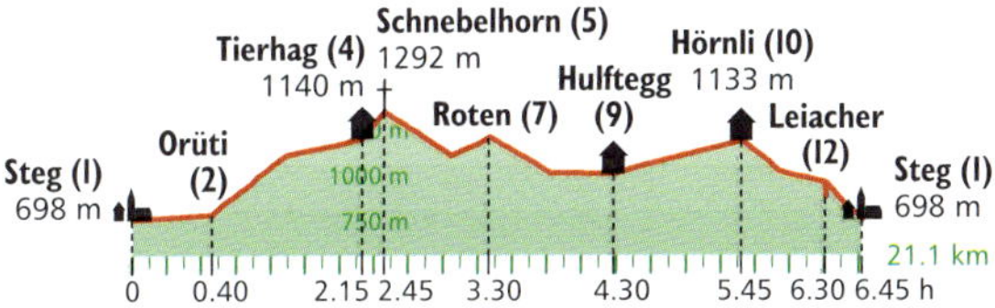

sem folgt man mit einigem Auf und Ab zur Einsenkung des **Hirzegg (6)**, umgeht dort entweder auf breitem Weg rechts oder quert auf schmalem Felssteig links den **Roten (7)** und gelangt via **Älpli (8)** sicher zum Gasthaus am **Hulftegg-Pass (9)**. Weiter zieht der Höhenweg zur bewaldeten Nordflanke des Hörnli, passiert den Dreiländerstein (Zürich – Thurgau – St. Gallen) und steigt schließlich von Norden her über Treppenstufen zum rustikalen **Hörnli-Gasthaus (10)** auf dem Gipfeldach, 1133 m. Seit 1930 befindet sich das Hörnli im Besitz des Kantons Zürich und ist seither vor jeder Übererschließung geschützt. Sein »Wahrzeichen« ist der 70 m hohe Sende- und Empfangsmast. Weit reicht der Rundblick, vom Hochvogel im bayerischen Allgäu bis zum 200 km entfernten Chasseron im Waadtländer Jura. Das 1895 von Albert Bosshard gezeichnete Hörnlipanorama nennt die Namen der zahllosen Gipfel, Anhöhen und Siedlungen.

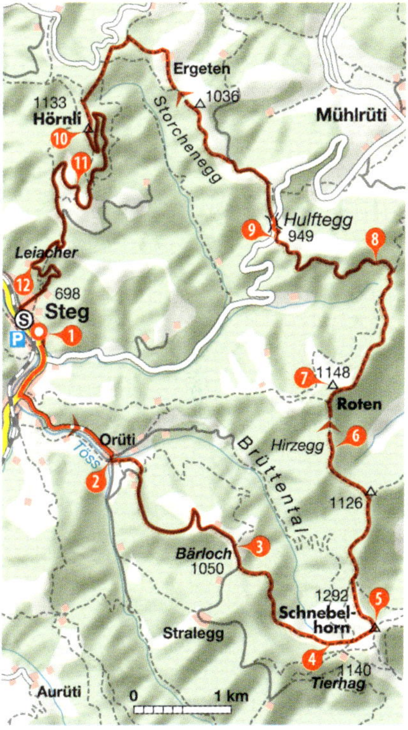

Der kürzeste Abstieg nach Steg verläuft in der sonnigen Südflanke des Hörnli, über **Tanzplatz (11)** und **Leiacher (12)**, wo das Geburtshaus des Volksdichters Jakob Senn steht. Wenig später trifft die Route wieder beim **Bahnhof Steg (1)** ein.

17 Von der Töss zur Thur

8.30 Std.

Über die höchsten Gipfel des Tössberglandes

Seine höchsten Erhebungen erreicht das waldreiche Tössbergland in Tweralpspitz, Chrüzegg und Höchhand. Ihre Überschreitung zählt zu den anspruchsvollsten Kammwanderungen des Alpenvorlandes.

Ausgangspunkt: Bahnhof Fischenthal, S 26, Parken am Bahnhof.
Endpunkt: Bahnhof Wattwil.
Höhenunterschied: 1550 m bzw. 1700 m.
Anforderungen: Ausdauer, Trittsicherheit.
Markierung: Gelbe Wegweiser.
Einkehr: Scheidegg, Chrüzegg.
Hinweis: Die Abkürzung Überzütt – Tössscheidi – Hand erspart 2 Std.
Karte: LKS 226 T.

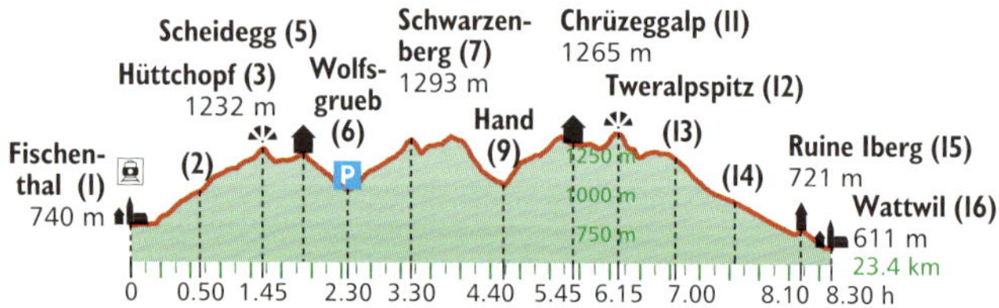

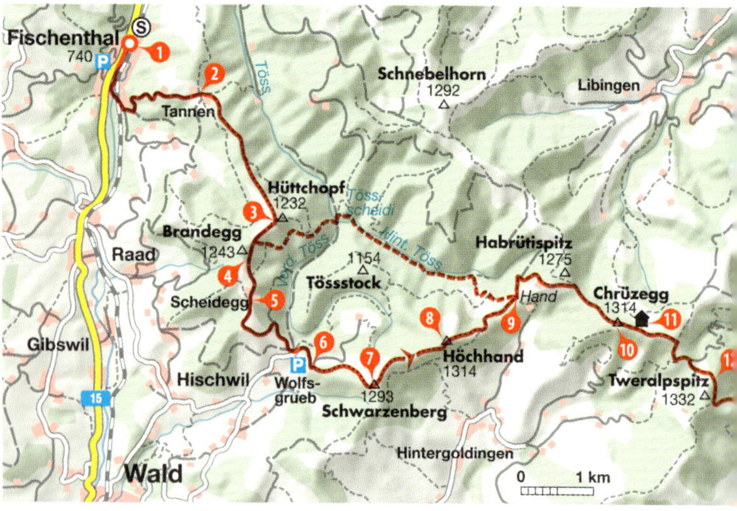

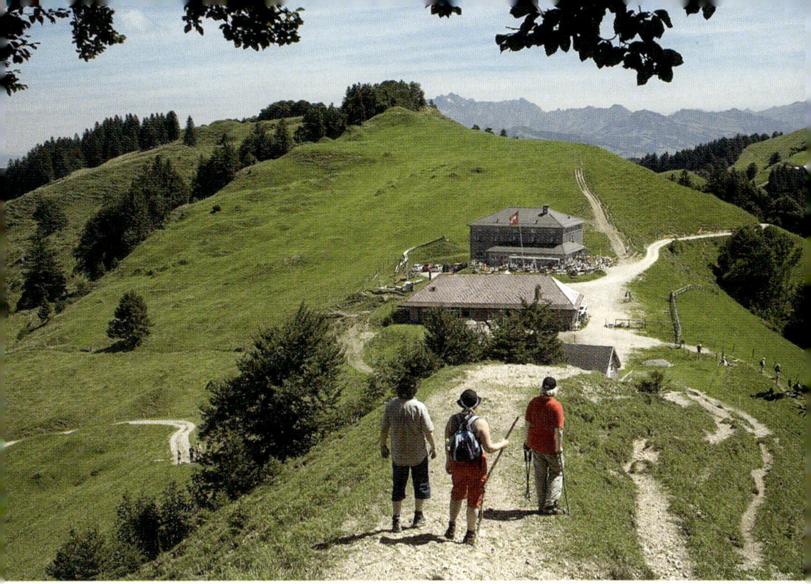

Blick vom Chrüzegg über die gleichnamige Bergwirtschaft zum Säntis.

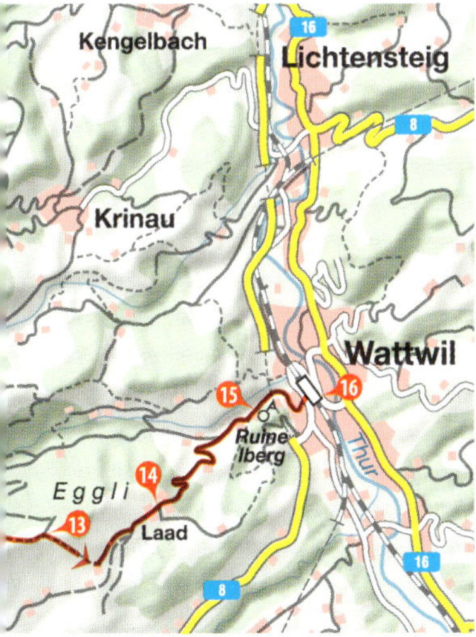

Die Tour beginnt beim **Bahnhof Fischenthal (1)** mit dem Anstieg via **Tannen (2)** zum kahlhäuptigen **Hüttchopf (3)**, 1232 m. Sein Gipfel wird südwärts verlassen. Von **Überzütt (4)** geht es am Brandegg vorbei zum **Gasthaus Scheidegg (5)**. Die wunderschöne Aussicht zeigt den Zürichsee und die Alpenkette. Ein Sträßchen leitet hinab zum **Parkplatz Wolfsgrueb (6)**. Hirten sollen hier einst Wolfswache gestanden haben. Ein enger Pfad führt jetzt im dunklen Bergwald bergan, bis man am Schwarzenbergkamm plötzlich die leuchtende Gletscherwelt der Glarner Alpen erblickt.
Auf der Krete überquert die Route links haltend den bewaldeten **Schwarzenberg (7)** und führt auf

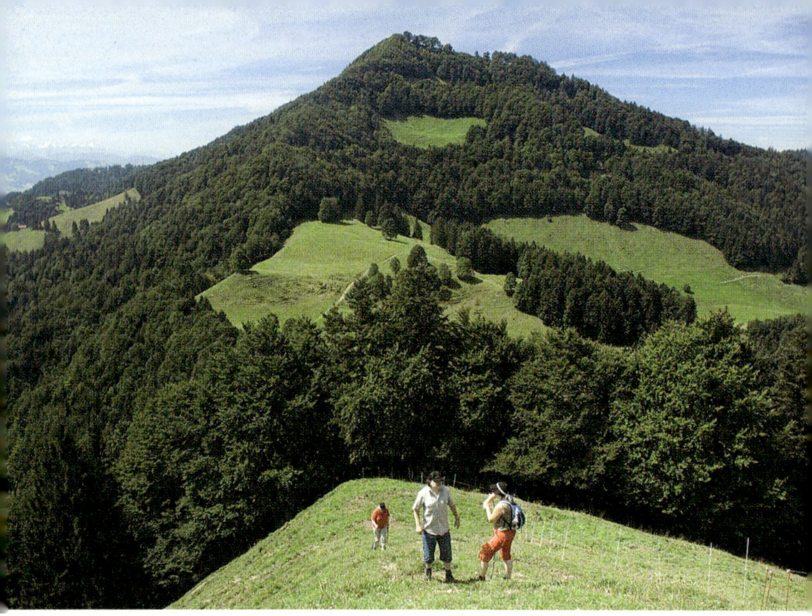

Rückblick zum Kegel des Höchhand.

schmalem, teilweise gesichertem Steig durch die steile Südostflanke zum sturmzerzausten Kegel des **Höchhand (8)**. Etwa 150 m zurück bis zum letzten Wegweiser und hinab zur **Wegkreuzung Hand (9)**.

Im weiteren Verlauf führen die Markierungen ein Stück gegen die schöne Habrütispitz bergan, queren dann hinüber in den Sattel P. 1205 und leiten zwischen den Nagelfluhblöcken »In den Brüchen« zum Gipfelkreuz des **Chrüzegg (10)**, 1314 m. Wenige Minuten unterhalb lockt die bewirtschaftete **Chrüzeggalp (11)** mit Speis und Trank. Der nächste Anstieg gilt dem nahen **Tweralpspitz (12)**, mit 1332 m der Kulminationspunkt zwischen Töss und Thur. Die ganze Alpenkette steht jetzt Spalier.

Die letzte Etappe verläuft ostwärts und zunächst unmarkiert über die Krete via **Eggli (13)** nach **Laad (14)**, hält von dort talwärts bis Schlosswis und wendet sich rechts der **Ruine Iberg (15)** zu. Die um 1240 erbaute Feste war Schauplatz heftiger Fehden zwischen den Toggenburger Grafen und den St. Galler Äbten. Ihr Verfall begann 1710. Von einstiger Größe kündet nur mehr der mächtige Turm, der einen schönen Blick ins Tal der Thur erlaubt. Einige Wegkehren tiefer endet die Wanderung in **Wattwil (16)**.

Zu Füßen der Ruine Iberg liegt Wattwil, der Zielpunkt der Wanderung.

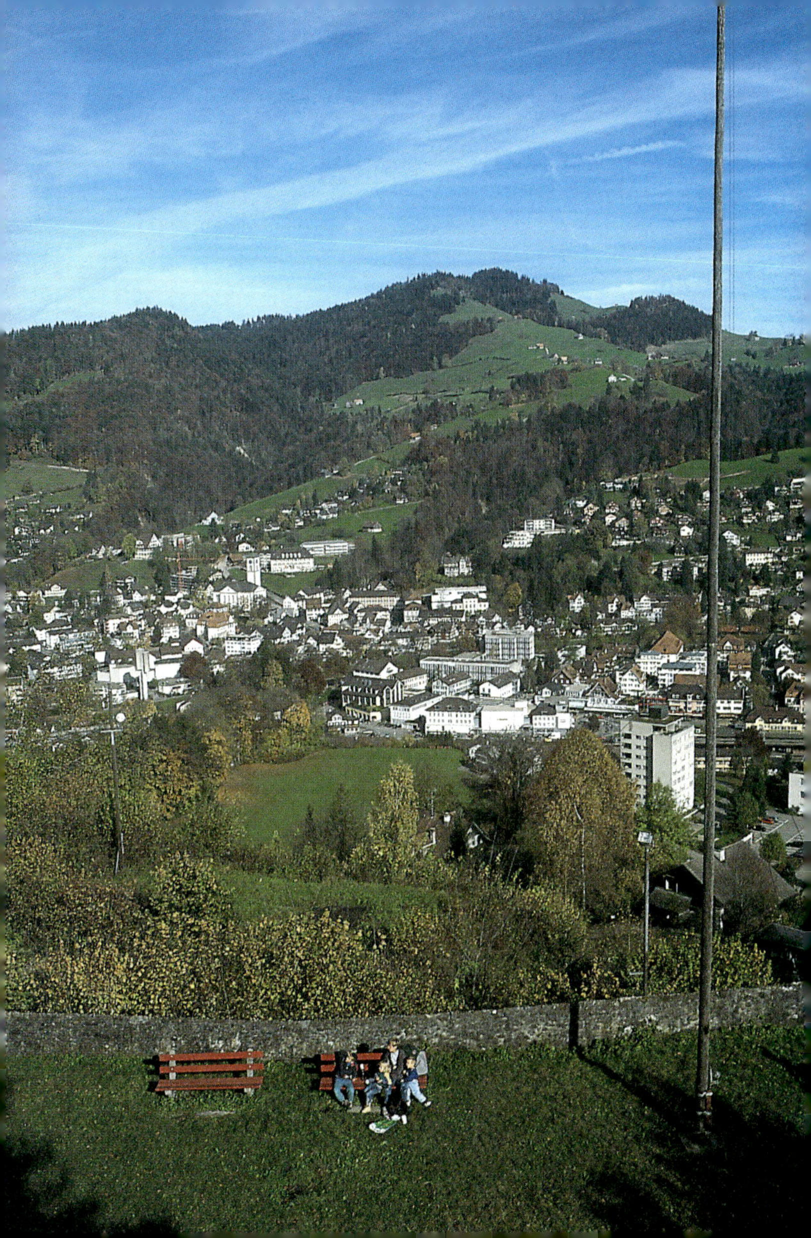

18 *Im Tannzapfenland*

4.15 Std.

Kloster Fischingen und St. Iddaburg

Die Legende von der heiligen Idda bildet den roten Faden dieser Rundwanderung im waldreichen Hinterthurgau, dem sogenannten Tannzapfenland. Mitte des 12. Jh. lebte Graf Heinrich mit seiner Gemahlin Idda auf dem Stammsitz Alt-Toggenburg. Der Überlieferung nach wurde Idda grundlos der Untreue bezichtigt und von ihrem jähzornigen Gatten über die Burgmauer in den Abgrund gestoßen. Dank einer göttlichen Fügung nahm sie keinen Schaden und lebte aus Dankbarkeit fortan als Einsiedlerin im Wald. Seit damals gilt Idda als Schutzpatronin der Gegend. Begraben liegt sie in der Kirche des Klosters Fischingen.

Barockes Kleinod im Tannzapfenland: Kloster Fischingen.

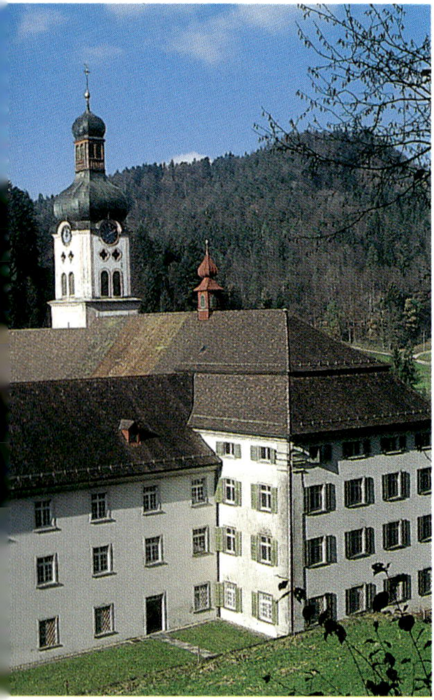

Ausgangspunkt: Kloster Fischingen, Postautostation, Parken am Kloster.
Höhenunterschied: 600 m.
Anforderungen: Bei Nässe rutschig.
Markierung: Gelbe Wegtafeln.
Einkehr: St. Iddaburg.
Karte: LKS 226 T.

An dem 1133 gegründeten **Kloster Fischingen (1)**, einem Benediktinerstift, nimmt die Rundtour ihren Ausgang. Anfangs muss man teilweise mit der Straße Richtung Mühlrüti vorliebnehmen, ehe links die Route Richtung **St. Iddaburg (2)** abzweigt. Vorbei an Einzelhöfen schraubt sich der Weg bergwärts. Wenn der Geländerücken enger wird, ist bald St. Iddaburg erreicht. Oben, auf dem Platz der 1286 vollständig zerstörten Alt-Toggenburg, steht die 1934 erbaute Wallfahrtskirche. Ein Holzkreuz markiert die Absturzstelle der heiligen Idda. Weit schweift der Blick über die Hügellandschaft des Hinterthurgau.
Von der nahen Lourdesgrotte verläuft ein romantischer Pfad an den Nagelfluhwänden entlang zur Ver-

zweigung oberhalb von **Egg (3)**, wo rechts der Weg über Weiden mit kurzem Gegenanstieg abwärts

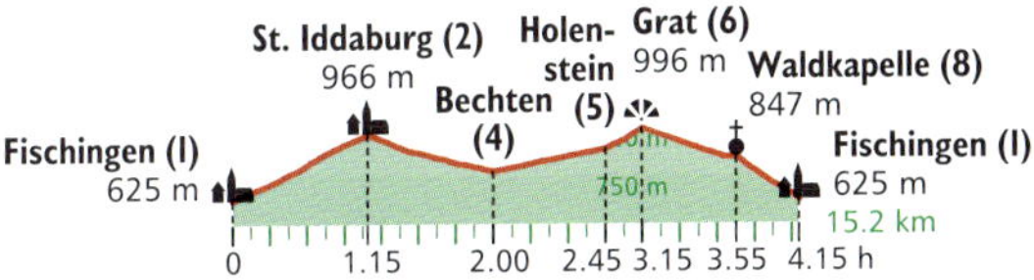

zieht bis **Bechten (4)**. Hier geht es weiter Richtung Fischingen, durch einen Tobel und in langer Steigung nach **Holenstein (5)**. Rechts gewinnt jetzt ein Steig in vielen Serpentinen den markant geformten, aussichtsreichen **Grat (6)**, 996 m, den höchsten Punkt Thurgaus. Steil und schmal führt ein Pfad nordseitig hinab, bis ein breiter Weg via Höll und **Ottenegg (7)** zu einer einsamen **Waldkapelle (8)** bringt. Sie ist der heiligen Idda geweiht und bildet samt Brünnlein ein nettes Rastplätzchen. Von dort ist es dann talwärts nicht mehr weit zurück zum **Kloster Fischingen (1)**.

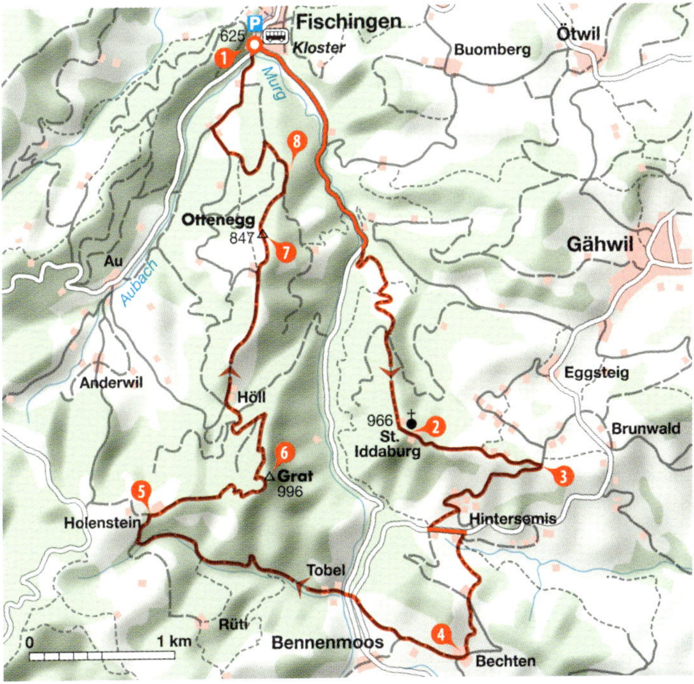

19 Von Stäfa nach Rapperswil

3.30 Std.

Weinwanderung am Zürichsee

Es mag überraschen, dass an der sonnenverwöhnten Nordseite des Zürichsees, der sogenannten Goldküste, zwischen den zahlreichen Villenüberbauungen noch ansehnliche Weinhänge anzutreffen sind. Zu verdanken ist dies der damals vielbeachteten Stäfner Gemeindeversammlung von 1969, auf der die verbliebenen Rebbestände unter Schutz gestellt wurden. Wie Oasen der Ruhe liegen die Weinhalden heute in der stillen Uferregion und erfreuen den Besucher mit herrlichen Ausblicken über den tiefblauen See zur nahen Alpenkette. Wanderungen in dieser Umgebung »schmeicheln der Seele«, und wer im Herbst kommt, kann unterwegs unter Umständen den »Urwein des Zürichsees« verkosten, den Räuschling.

Ausgangspunkt: Schiffsanleger oder Bahnhof Stäfa.
Endpunkt: Rapperswil; Schiffsanleger, Bahnhof; letztes Zürichsee-Schiff nach Stäfa um 16.30 Uhr; sonst S-Bahn S 7.
Höhenunterschied: 350 m.

Anforderungen: Leichte Wanderung, wenig Schatten, im letzten Stück Hartbelag.
Markierung: Gelbe Wegtafeln.
Einkehr: Stäfa und Rapperswil.
Karte: Wanderkarte Kanton Zürich, Blatt Süd, 1:50 000.

Die Wanderung startet am malerischen Hafen in **Stäfa (1)**. Gelbe Wegtafeln leiten am nahen Bahnhof vorbei zur reformierten Kirche mit den ersten Rebstöcken und weiter zum Ortsmuseum im **Ortsteil Mies (2)**. Hier beginnt der Weinlehrpfad durch die Sternhalde, die berühmte Weinlage Stäfas. An einer besonders aussichtsreichen Stelle erinnert das **»Goethebänkli« (3)** an den Besuch des Dichters 1797 bei seinem Zürcher Freund Heinrich Meyer.

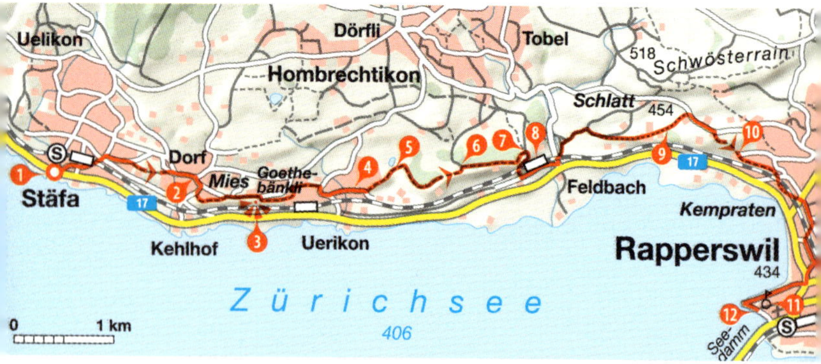

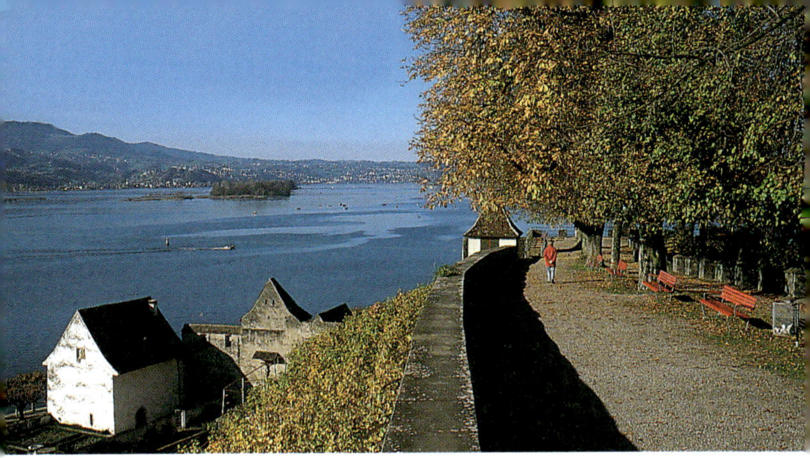

Herbststimmung in Rapperswil; Blick vom Schloss zum Zürichsee.

Anschließend geht es hinab ins Wohnquartier **Uerikon (4)** und auf der anderen Seite auf der ehemaligen Bahntrasse empor zum Reptilienparadies am lauschigen Chatzentobel. Wenige Schritte außerhalb des Waldes lädt der stimmungsvolle **Seerosen-Weiher (5)** zur Rast. Im Wald hält der Weg nun auf den Steilrand oberhalb der Reblage Risi zu. Beim ersten Seitenweg sollte man rechts hinab in den schön gelegenen Weinberg gehen und die Wanderung unterhalb der Trockenmauern fortsetzen. Der nächste Abzweig scharf links hinauf bringt dann zurück zur Wanderroute. Hinter der **Langgass (6)** bleibt der Pfad stets am Steilrand, bis zum Aussichtspunkt **Trüllisberg (7)**. Von dort bummelt man hinter dem Rebhaus Gamsten hinab zur **Station Feldbach (8)**. Nach Unterquerung der Bahn erfolgt die Etappe zur Reblage **Höcklistein (9)**, die bereits auf St. Galler Boden liegt. Zum Greifen nahe hebt sich die Silhouette von Schloss Rapperswil vor der Seekulisse ab. Zuvor muss man aber noch steil hinab ins Dorf **Kempraten (10)** und die vergleichsweise monotone Asphaltetappe hinein nach Rapperswil bewältigen. Malerisch liegt das mittelalterliche Städtchen auf einer weit vorspringenden Halbinsel mitten im Oberen Zürichsee. Gegründet wurde es Anfang des 13. Jh. im Schutze einer mächtigen Burganlage. Dessen Reblage am heutigen **Schlossberg (11)** fand bereits 981 Erwähnung. Die Weinwanderung klingt aus mit der Schifffahrt von **Rapperswil (12)** zurück nach **Stäfa (1)**.

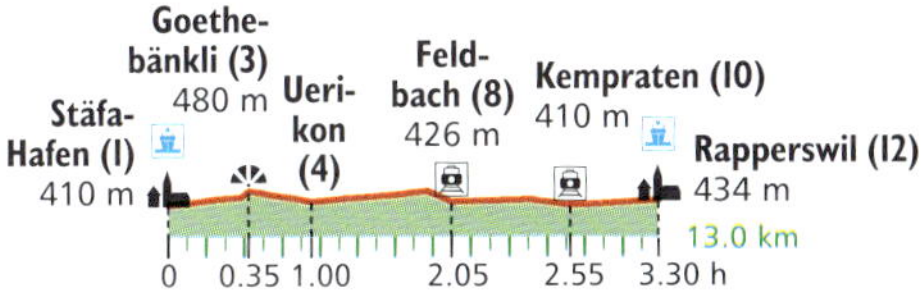

Zwischen Zürichsee und Alpenkamm

Voralpen vom Speer bis zum Glärnisch

Zwischen dem zur Linthebene ausgestreckten Oberen Zürichsee und dem Pragelpass schwingt sich die Landschaft südwärts in mehreren Wogen bis zu den Voralpen empor. Dieses Gebiet liegt zum größten Teil im Kanton Schwyz, berührt aber am östlichen Rand mit Linthtal bzw. Linthebene auch das Glarnerland und den Kanton St. Gallen. Es vereint das grüne Alpenvorland mit den schroffen Kalkzinnen der Voralpen. Hier kommen vor allem jene Bergwanderer auf ihre Kosten, die sich neben dem Gipfelglück auch an blumenreichen Weiden und sanft modulierten Kammlinien erfreuen können.

Die Arbeitsgemeinschaft für Wanderwege der Kantone Schwyz, St. Gallen und Glarus hat eine große Zahl von Übergängen ausgeschildert; außerdem sind nahezu alle namhaften Bergspitzen auf markierten Routen erreichbar. Herzstück der Landschaft zwischen Zürichsee und Alpenkamm ist der Wägitalersee, der von eindrucksvollen Gipfeln eingezwängt wird. Trittsicherheit und Schwindelfreiheit erfordern dort die meisten Routen. Zindlenspitz, Brünnelistock, Fluebrig und Mutteristock heißen hier die wichtigsten Gipfelziele.

Weniger alpin, dafür offener, freundlicher wirkt die Bergrunde um den größeren Sihlsee nahe dem weltbekannten Klosterort Einsiedeln. Die weich modulierten, vom Flysch geprägten Kuppen sind ein Dorado des Jochbummlers. Ein quasi ins Extrem gesteigerter Jochbummel ist die Sieben-Egg-Wanderung über dem Hoch-Ybrig-Gebiet südlich des Sihlsees. Sie beginnt in Weglosen mit der Luftseilbahn/Sesselliftfahrt zum Spiristock und verläuft über Fuederegg, Windegg, Sternenegg, Ibergeregg, Müsliegg und Stägerenegg zum Holzegg. Von dort geht es per Luftseilbahn hinab nach Brunni und mit dem Postauto via Einsiedeln zurück zum Ausgangspunkt. Die reine Gehzeit beträgt knapp vier Stunden. Rundbillets sind erhältlich. Weglosen ist ebenfalls Ausgangspunkt für den geologischen Wanderweg Roggenstock sowie für den Aufstieg zum klotzigen Druesberg, dem uneingeschränkten Herrscher über dem Hoch-Ybrig-Kessel.

Über der Linthebene dominieren Speer und Schäner Berg ganz und gar den östlichen Horizont des Zürichsees. Sie stehen bereits auf St. Galler Gebiet unweit des Walensees, entfalten ihre größte Wirkung aber gegen den Zürichsee hin. Den südöstlichen Rand des Wandergebietes bildet das Linthtal, das von der Linthebene südwärts ins Glar-

Blick von Unterchäseren zur Südflanke des Speer.

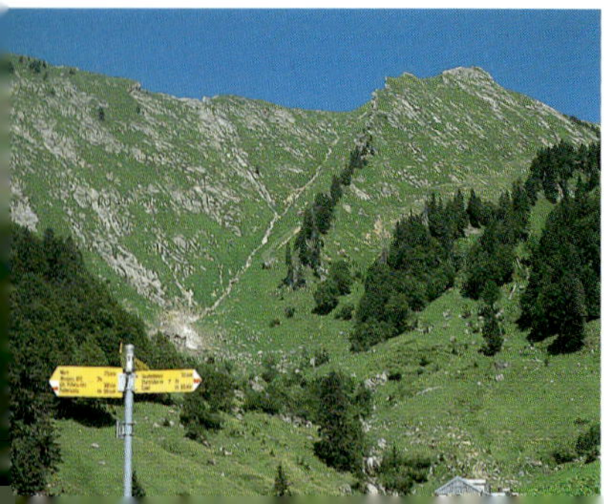

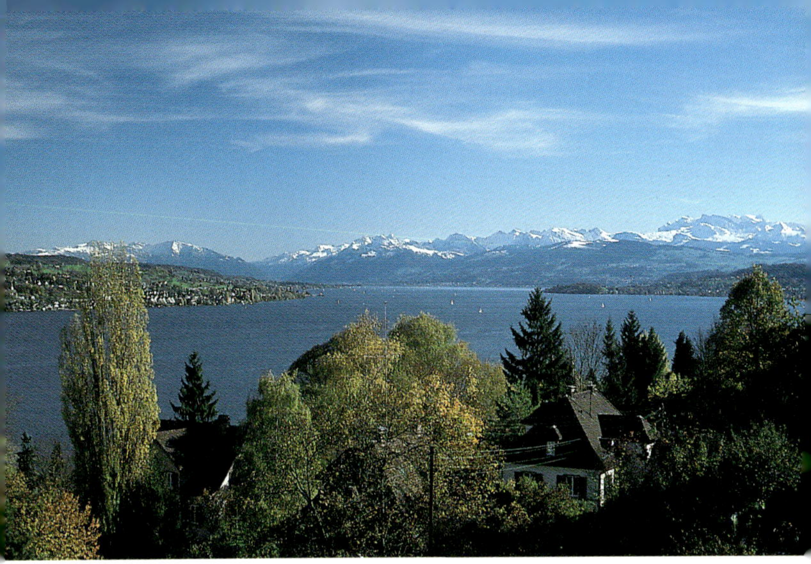

Blick vom Kirchhof Thalwil über den Zürichsee gegen die Alpenkette.

nerland führt. Gleich vorn bei Niederurnen öffnet sich der Eingang zum stillen Niederurnertal, eingezwängt zwischen Hirzli-Kamm und der Respekt erheischenden Brüggler-Chöpfenberg-Kette.
Nächste Ortschaft im Linthtal ist das geschichtsträchtige Näfels, wo sich 1388 die Glarner im blutigen Kampf vom habsburgischen Joch befreiten (Denkmal). Auf den Resten einer habsburgischen Feste steht das Kapuzinerkloster Maria-Burg. Beherrschendes Gebäude in der Ortsmitte ist der Freulerpalast mit dem Museum des Landes Glarus. Errichtet wurde er 1645–47 für den in französischen Diensten zu Reichtum gelangten Obersten Caspar Freuler. Aus dem Dorf windet sich ein kurvenreiches Sträßchen hinauf zum weltabgeschiedenen Obersee. Während Rautispitz und Wiggis zwei lohnende Gipfelziele ab Seerestaurant abgeben, bietet sich der Längeneggpass als lohnender Übergang ins Klöntal an. Letzteres zählt zu den schönsten Voralpentälern und hat durch seine wilde Bergwelt Dichter, Maler und Komponisten in seinen Bann gezogen. Fjordartig liegt der Klöntalersee im Gebirge eingeschnitten, vor den 2000 m hohen Wänden des Glärnisch.
1799 zog übrigens der russische General Suworow mit seiner Armee auf der Flucht vor den Franzosen vom Pragel her kommend unter den Wänden des Glärnisch hinab ins Linthtal. Aus Furcht vor dem Feind versenkten sie dabei die Kriegskasse im Klöntalersee, auf dessen Grund sie noch heute ruhen soll.

20 Steile Wege am Schäner Berg

7.00 Std.

Hoch über der Linthebene

Jählings steigt der Schäner Berg mit seiner schräg gebankten, nur wenig vom Waldpelz bedeckten Nordwestflanke über der Linthebene empor. Wer vom Oberen Zürichsee ostwärts schaut, hat ihn beständig vor Augen. Umgekehrt liegt auf dem höchsten Punkt des Schäner Berges, dem Federispitz, der gesamte Zürichsee im Blickfeld und dazu der Walensee. Aussichtsmäßig steht es also mit dem Federispitz zum Besten, nur die Anstiege gelten als lang und rau. Es sind 1400 Höhenmeter, ohne Einkehr.

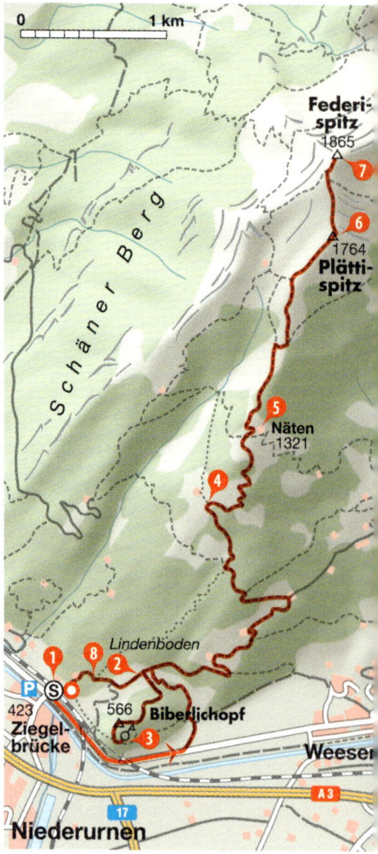

Ausgangspunkt: Bahnhof Ziegelbrücke, S 2, Parken am Bahnhof.
Anforderungen: Ausdauer.
Höhenunterschied: 1400 m.
Markierung: Weiß-rot.
Einkehr: Keine.
Variante: Abstieg nach Schänis (Bahnhof).
Karten: Landeskarte der Schweiz, Blatt 1134 Walensee und 1133 Linthebene, 1:25.000; LKS 236 T und 237 T.

Den Auftakt bildet vom Bahnhof am Verkehrsknotenpunkt **Ziegelbrücke (1)** der Geo-Weg, der ostwärts neben dem Linthkanal verläuft und dann hinter der Eisenbahnbrücke links in eine enge Schlucht einmündet, mit mächtigen, gegeneinander verschobenen Nagelfluhbänken. Nächste Station ist der Wiesensattel **Lindenboden (2)**, 510 m, wo links ein Abstecher dem **Biberlichopf (3)**, 566 m, gilt, auf dem ein römischer Wachturm aus der Zeit um Christi Geburt, überbaut durch eine Schützenstellung aus dem Ersten Weltkrieg, wartet. Ab Lindenboden

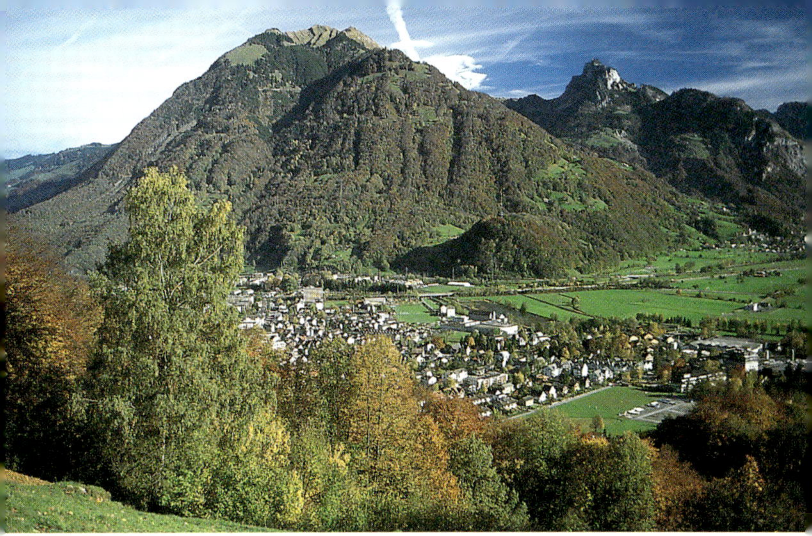

Über der Linthebene steht der Schäner Berg; hinten rechts der Mattstock.

gewinnt die Route im Wechsel von Wald und Weiden allmählich an Höhe, teils auf breiten Wegen, teils auf schmaler Fußspur. Anstrengend, weil zwar markiert, aber meistens ohne Pfad, ist das Stück zwischen **Unteralpli (4)**, 938 m, und der **Alp Näten (5)**, 1321 m. Steile Matten, schütterer Bergwald und ein schmaler Kammrücken leiten weiter empor gegen den **Plättispitz (6)**, 1764 m. Hier kommt der charakteristische Aufbau des Schäner Berges prächtig zur Geltung. Ein paar Meter muss man jetzt abwärts, dann geht es via Vorgipfel (Wegweiser) hinüber zum Gipfelkreuz des **Federispitz (7)**, 1865 m. Im Abstieg geht es vom Lindenboden direkt via **Bergli (8)** zum Bahnhof **Ziegelbrücke (1)**.

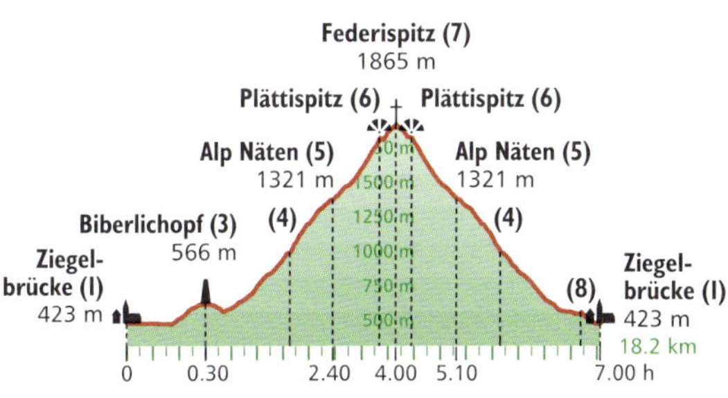

21 Aussichtskanzel Speer

7.00 Std.

Zwischen Zürichsee und Walensee

Obwohl dicht am Walensee gelegen, beherrscht der Speer weithin sichtbar den östlichen Horizont des Zürichsees. Besonders im Neuschneekleid bietet die der Linthebene zugewandte Schmalseite ein eindrucksvolles Bild. Aus der Nähe ist er dagegen kaum zu sehen. Er steht zurückgezogen im Schnittpunkt mehrerer Seitentälchen und lässt sich nur auf Umwegen erreichen.

Ausgangspunkt: Amden Postautostation oder Bergstation Niderschlag.
Höhenunterschied: 700 bzw. 1050 m.
Anforderungen: Trittsicherheit im Gipfelhang.
Markierung: Weiß-rot.
Einkehr: Oberchäseren.
Variante: Abstieg vom Speer nach Schänis-Bahnhof 3½ Std.
Hinweis: Mit Sessellift 1 Std. weniger.
Karte: Landeskarte der Schweiz, Blatt 1134 Walensee, 1:25.000; LKS 237 T.

Der kürzeste Aufstieg beginnt in **Amden (1)**, der berühmten Sonnenterrasse 400 m hoch über dem Walensee. Ob man gut 300 Höhenmeter über Weidewege ansteigt oder den Mattstock-Sessellift bis **Niderschlag (2)**, 1269 m, benutzt, ist Konditionssache. Von Niderschlag geht es um die Ostschulter

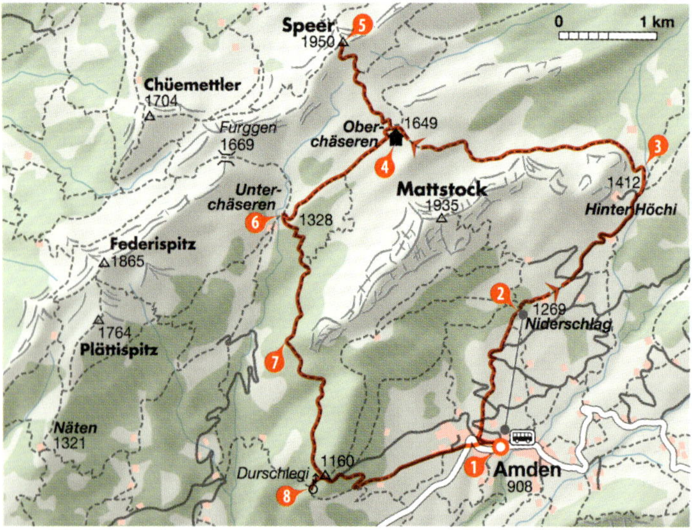

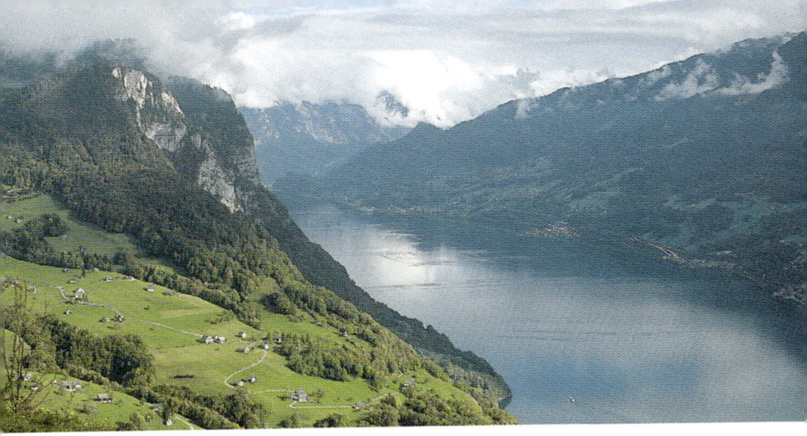

Blick vom Durschlegi auf den Walensee.

des Mattstocks herum und an dessen Nordseite westwärts zur Weggabelung **Hinter Höchi (3)**, 1412 m. Am Rand eines Hochmoors windet sich die Route durch ein Gewirr von Felsblöcken, Mulden und Latschen hinauf zum Alpsattel **Oberchäseren (4)**. Eine kleine Wirtschaft lädt zur Rast, bevor die anstrengende Schlussetappe beginnt. Enge Kehren ziehen durch die begraste Südflanke bergan. In Gipfelnähe wird die Steilheit des Geländes durch Trittstufen gebannt. Oben, am **Speer (5)**, dem höchsten Nagelfluhberg der Schweiz, 1950 m, darf man es sich auf Holzbänken bequem machen und das phänomenale Panorama genießen. Auf dem Rückweg wird ab **Oberchäseren (4)** links haltend die Umrundung des Mattstocks fortgesetzt. Alpwege bringen via **Unterchäseren (6)** und **Brunnenegg (7)** bis zum zauberhaften Aussichtspunkt **Durschlegi (8)**. Beim Sendemast mündet der Weg in ein Sträßchen, auf dem das letzte Stück nach **Amden (1)** zurückgelegt werden muss. Für trittsichere Wanderer bietet sich vom Speer der Abstieg über den Nordwestgrat zur Furggen an, mit Abstecher zum vorgeschobenen Chüemettler. Über Bätruns und Unterfederi verläuft diese Route weiter hinab nach Schänis.

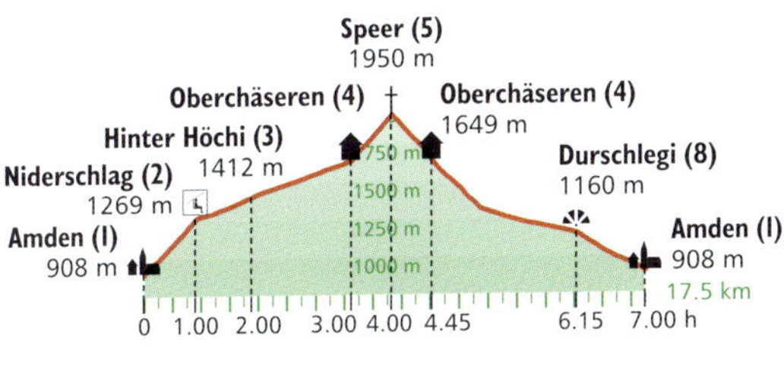

22 Planggenstock und Hirzli

4.00 Std.

Über die vorderste Gipfelwoge der Glarner Alpen

Mit dem Höhenzug Hirzli-Planggenstock erhebt sich die erste Woge der Glarner Alpen direkt aus der Linthebene. Dieser äußere Gebirgssaum ist fast überall bis oben hin bewaldet. Nur an den Gipfelpunkten bleibt der Wald zurück und erlaubt wie von einem Logenplatz herab eine wundervolle Aussicht sowohl zum Zürich- wie zum Walensee. Talort der Hirzli-Kette ist Niederurnen.

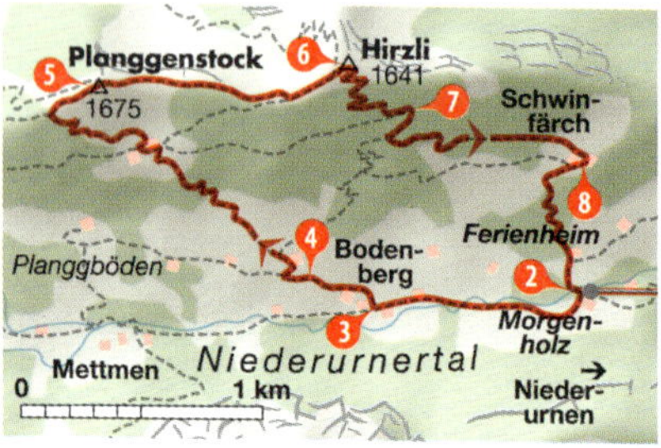

Ausgangspunkt: Bergstation Morgenholz, erreichbar von Niederurnen, Parken am Bahnhof oder an der Seilbahn.
Anforderungen: Bei Nässe Trittsicherheit.
Markierung: Weiß-rot.
Einkehr: Bodenberg.
Hinweis: Ab Bahnhof Niederurnen 2 Std. und 500 m mehr.
Karte: Landeskarte der Schweiz, Blatt 1133 Linthebene, 1:25.000; LKS 236 T.

Morgenstimmung im Niederurnertal.

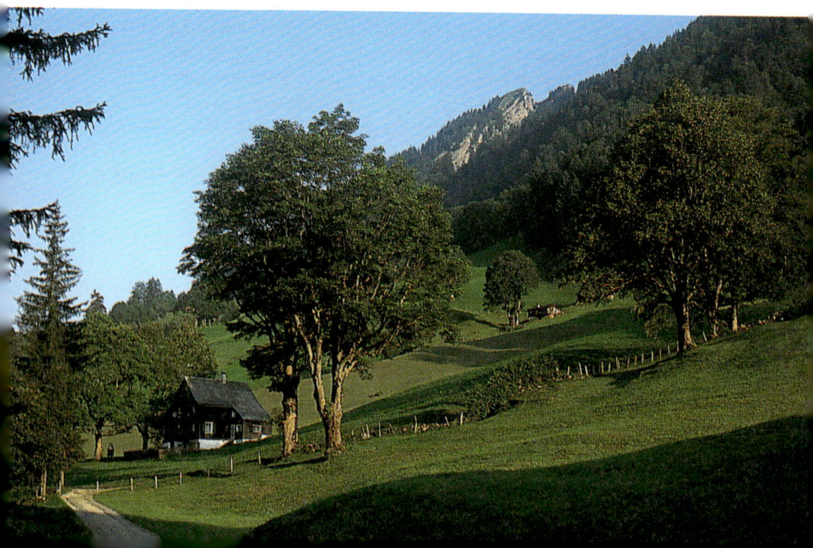

Vom Bahnhof bringt ein Sträßchen zur Talstation der Seilbahn **Niederurnen (1)** – **Morgenholz (2)**. Dort hat man die Wahl zwischen einer Kabinenfahrt oder dem Fußmarsch durch die enge, wasserreiche Waldschlucht des Dorfbachs. Oben, an der Bergstation Morgenholz, 960 m, öffnet sich ganz unvermittelt die grüne Oase des Niederurnertals. Ein vielarmiger Wegweiser zeigt, wie es weitergeht: zuerst bequem taleinwärts, immer am munter plätschernden Bach, bis zur Alp **Bodenberg (3)**, wo ein Weglein rechts im Wald hinaufsteigt zu den Planggböden. Noch eine Stufe höher liegt die Alp **Oberplanggen (4)**. Ein verwurzelter Pfad gewinnt schräg links empor die Kammhöhe und nimmt rechts den steilen Aufschwung zum kreuzgeschmückten **Planggenstock (5)**, 1675 m. Während hier vor allem Linthebene und Zürichsee im Blickfeld liegen, beeindruckt nach einem luftigen Gratübergang (eine Drahtseilstelle) am Gipfelkreuz des **Hirzli (6)**, 1641 m der fjordartig eingeschnittene Walensee.

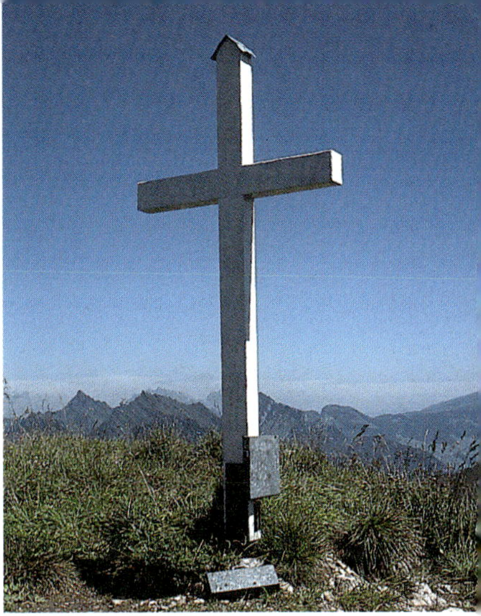

Graspolster unterm Gipfelkreuz: der Planggenstock.

Weit ausholende Serpentinen verlassen den Hirzli südseitig, passieren die **Forsthütte (7)** in blumenreicher Umgebung und treffen auf einen Alpweg, der links im dichten Hangwald zum **Schwinfärch (8)** führt. Ein schlechtes Wegstück leitet weiter talwärts. Beim Basler Ferienheim schließlich ist der Talboden wieder erreicht. Eine Brücke führt zurück zur Bergstation **Morgenholz (2)**. Mit der Gondel geht es hinab zur Talstation in **Niederurnen (1)**.

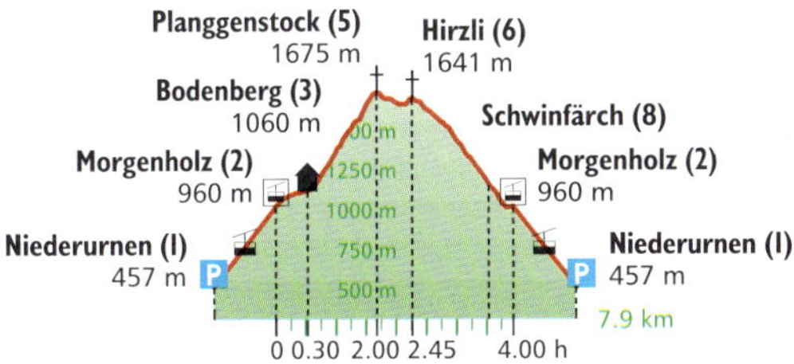

23 Brüggler und Chöpfler

6.30 Std.

Schmale Pfade zwischen Himmel und Erde

Schnittige Bergformen, kantige Gratrücken, jähe Wandstufen und abschüssige Grasflanken charakterisieren die Brüggler-Chöpfler-Kette zwischen dem Niederurnertal und dem Schwändital. Trittsicherheit und Schwindelfreiheit sind hier unerlässlich. Dafür erlebt man aus bester Perspektive ein interessantes Stück Voralpen, das trotz guter Verkehrsanbindung seinen intimen Charakter gewahrt hat. Den Hauptanziehungspunkt bildet der Chöpfler oder Chöpfenberg, ein eleganter, fast matterhornähnlicher Gipfel.

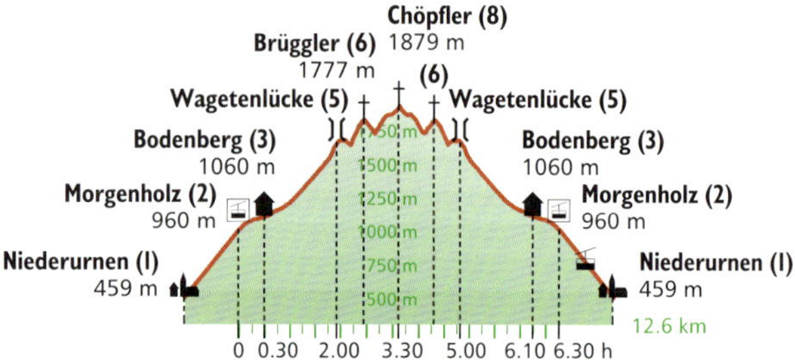

Ausgangspunkt: Bergstation Morgenholz, erreichbar von Niederurnen, Parken am Bahnhof oder an der Seilbahn.
Höhenunterschied: 1200 m.
Anforderungen: Absolute Trittsicherheit und Schwindelfreiheit für die wohl anspruchsvollste Tour in diesem Wanderführer.
Markierung: Weiß-rot, blau-weiß.
Einkehr: Bodenberg.
Variante: Abstieg aus dem Wiesensattel via Lochegg durchs Oberurnertal.
Karte: Landeskarte der Schweiz, Blatt 1133 Linthebene, 1:25.000; LKS 236 T.

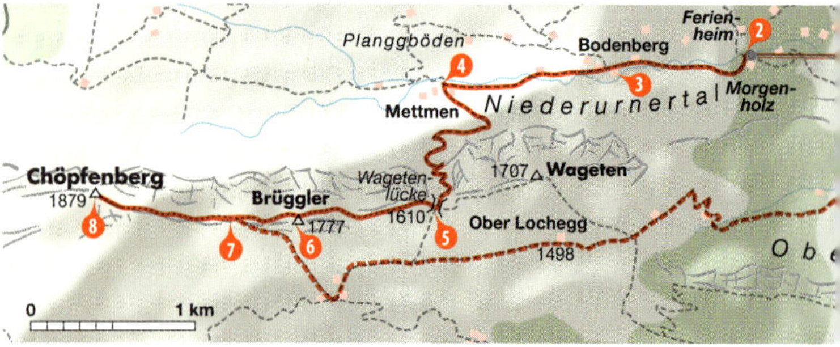

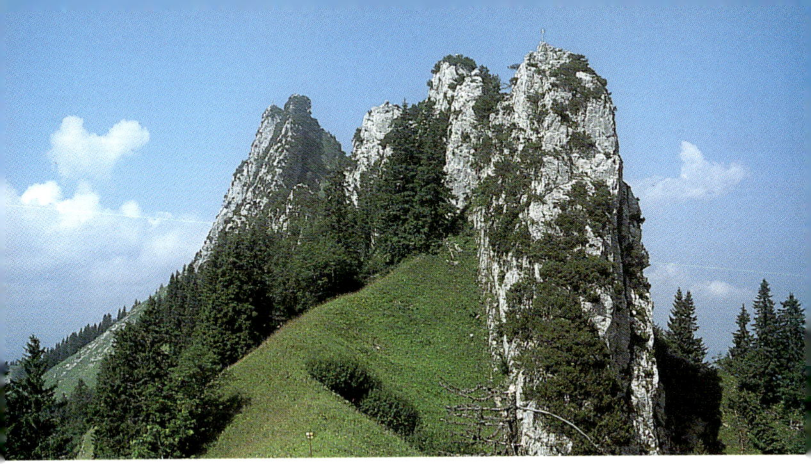

Eindrucksvoll: Felstürme des Brüggler aus der Wagetenlücke.

Der Anstieg beginnt wie bei Tour 22 an der Bergstation der Seilbahn **Niederurnen (1)** – **Morgenholz (2)**. Eine flache Einlaufetappe im Niederurnertal bringt vorbei an der Alp **Bodenberg (3)** zu den Wochenendhäusern von **Mettmen (4)**, 1168 m. Links gewinnt ein Zickzackweg an Höhe, erst im Wald, dann steiler in niedriger Buschzone. Oben in der **Wagetenlücke/ Wägi (5)**, 1610 m, wird es ernst. Die weiß-blau markierte ViaGlaralpina verläuft meist direkt über dem mit Legföhren durchsetzten Brügglergrat. Dieser Wegabschnitt ist mit Ketten und Trittbügeln zwar perfekt abgesichert, aber doch sehr luftig. Beim Holzkreuz auf dem **Brügglergipfel (6)**, 1777 m, atmen wir fürs Erste durch. Zwischen Legföhren zieht die Route abwärts zum **Wiesensattel P. 1711 (7)**, wo ein verblassend rot bepinselter Karrenfels den Einstieg in das schräge Grasband an der Chöpfler-Nordseite markiert. Auch hier gilt es wieder einige ausgesetzte Passagen zu meistern; vor allem die bei Nässe rutschigen Unterbrechungsstellen erfordern Vorsicht. Um vier »sichere« Eckpunkte herum nähert man sich dem kreuzgeschmückten Felsturm P. 1898, an dessen Sockel entlang der Pfad die begraste **Gipfelkuppe P. 1879 (8)** gewinnt. Fantastisch ist der Ausblick zum Zürichsee und ins Mittelland. Der Rückweg erfolgt auf derselben Route.

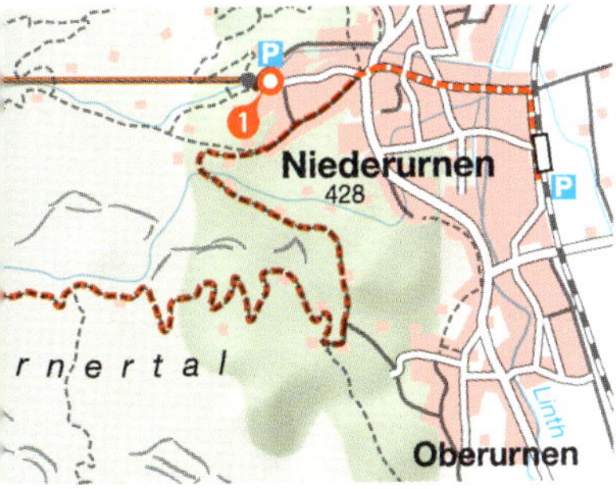

TOP **24** # Rautispitz

7.00 Std.

Zur Aussichtsloge über dem Linthtal

Das Felsbollwerk Rautispitz – Wiggis beherrscht mit seinen charakteristisch gebänderten Wandfluchten die engste Stelle des Linthtals. Fast senkrecht steigt das Massiv über dem Talboden empor. Doch ist diese schroffe Vorderseite nur Kulisse. Nach »hinten«, zum Oberseetal, zeigt zumindest der Rautispitz sanfte Rundungen.

Ausgangspunkt: Obersee (Parkplätze zu Fuß 2 Std. ab Näfels). Parken am Bahnhof Näfels, von Ende Mai bis Ende Sept. tägl. 8.15 Uhr Autokurs (Taxi) zum Obersee; weitere Fahrten ✆ +41/77/ 6121072.
Höhenunterschied: 1450 m.
Anforderungen: Ausdauer, beim Übergang zum Wiggis ist Trittsicherheit erforderlich (1½ Std. hin und zurück).
Markierung: Weiß-rot.
Einkehr: Obersee.
Variante: Abstieg via Wiggis nach Netstal (2½–3 Std.).
Karte: Landeskarte der Schweiz, Blatt 1153 Klöntal, 1:25.000; LKS 236 T.

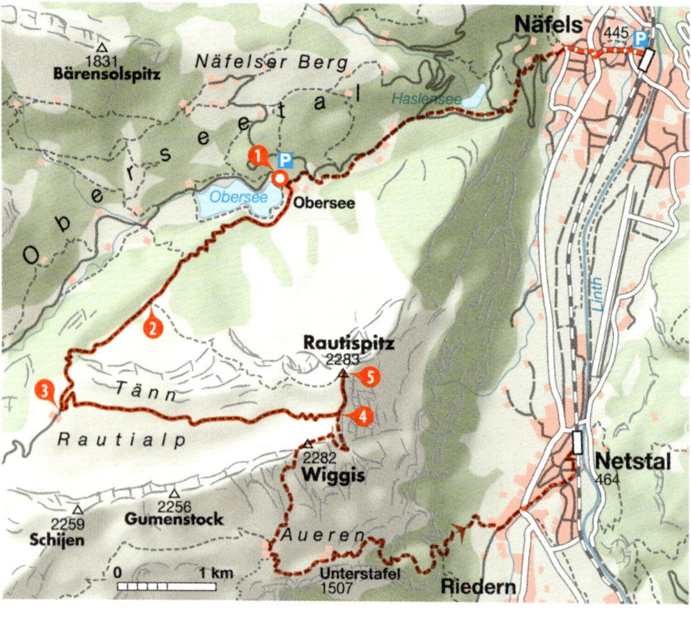

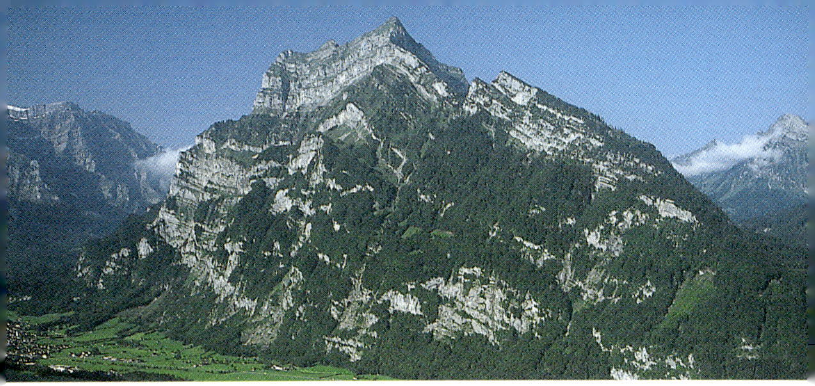

Mächtige Bastion: Wiggis (links) und Rautispitz (rechts) über dem Linthtal.

Ausgangspunkt ist der herrlich gelegene **Obersee (1)**, erreichbar von Näfels mit dem Wandertaxi, per Auto oder in 2 Std. zu Fuß. Vom Restaurant geht es eben am Seeufer dahin. Später taucht man in Wald und steigt zur **Gräpplistafel (2)** an. Dahinter leitet der Weg auf einem soliden Felsband um die Bergkante des Tänn herum ins Hochtal der **Rautialp (3)**. Hübsch wölbt sich links der Rautispitz empor, felsig und schroff steht rechts der Wiggis. Über Matten und Bergsturztrümmer führt der Pfad in den flachen **Sattel (4)** zwischen beiden Gipfeln hinauf. Nach einem Dutzend Kehren ist links der **Rautispitz (5)**, 2283 m, rasch erobert. An klaren Tagen bieten sich atemberaubende Perspektiven, nicht zuletzt durch den jähen Tiefblick ins Linthtal.

Wer – zurück am Verbindungssattel – noch Lust auf den Wiggis verspürt, sollte schwindelfrei sein. In exponierter Lage windet sich der schmale, ausgehauene Steig durch die glatten Felsplatten um die Höchnase herum zum kreuzgeschmückten Vorgipfel und weiter zum Hauptgipfel des **Wiggis**, 2282 m. Bei Nässe oder Neuschnee kann dieser Übergang gefährlich werden. Dann sollte man es beim Rautispitz belassen und auf dem Anstiegsweg zurückwandern.

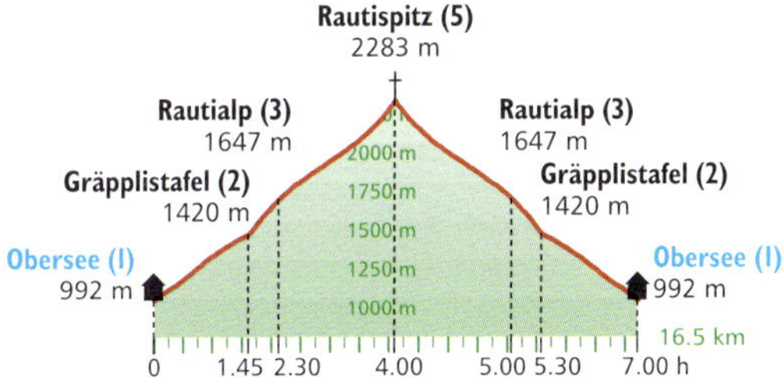

25 Raue Wege zum Mutteristock

7.00 Std.

Auf dem höchsten Gipfel am Wägitalersee

Von Zürich aus betrachtet bildet der Wägitalersee mit seiner vielfältigen Bergumrahmung das Dorado des Gipfelsammlers schlechthin. Man ist rasch dort und hat vor Ort die große Auswahl. Beliebt sind sie alle, der rundliche Aubrig, der breit ausladende Fluebrig, der kecke Zindlenspitz oder der hübsch geschwungene Brünnelistock. Kulminationspunkt dieser Gipfelrunde ist der Mutteristock, den man vom See aus aber nur an wenigen Stellen sieht. Sein Aufstieg gilt als mühsam, außerdem muss man genügend Flüssigkeit mitnehmen, denn aufgrund der ausgedehnten Karrenfelder rund um den Mutteristock trifft man oberhalb 1400 m kein Wasser mehr an.

Ausgangspunkt: Innerthal, Postauto; für Autofahrer Au am Südzipfel des Wägitalersees. Ab Innerthal 3 Std. Gehzeit mehr.
Höhenunterschied: 1300 m.
Anforderungen: Es empfiehlt sich, diese Tour nicht bei Nebel zu gehen. Ausdauer ist erforderlich; genügend Wasser mitnehmen.
Markierung: Weiß-rot.
Einkehrmöglichkeit: Im Auf- bzw. Abstieg keine.
Karten: Landeskarte der Schweiz 1:25.000, Blatt 1153 Klöntal, oder 1:50.000, Blatt 236 T.

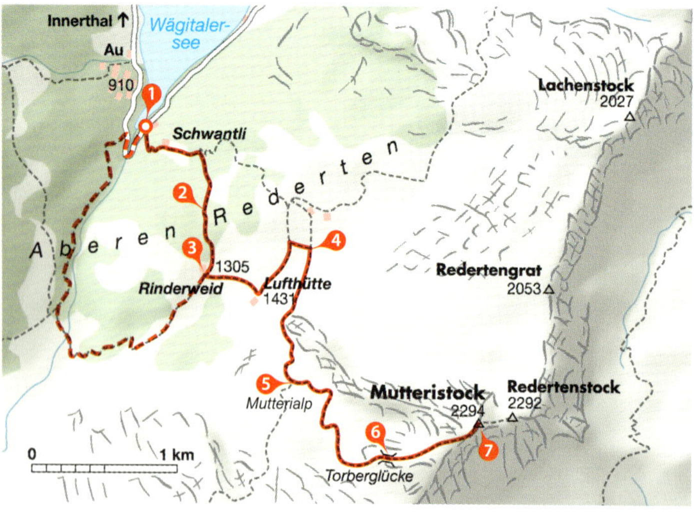

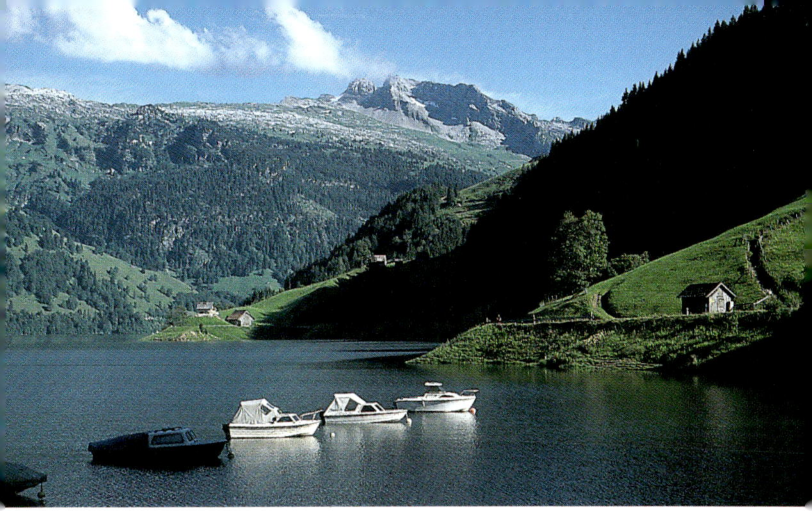

Im Hintergrund des Wägitalersees dominiert der Mutteristock.

Nach dem Uferweg ab Innerthal beginnt am südlichen Seezipfel, in **Hinter Bruch (1)** unweit vom Gasthaus Au, der eigentliche Anstieg. Gleich zu Beginn geht es über grüne Matten steil aufwärts; später auf schlechtem Weg an einer **Felsaushöhlung (2)** vorbei zum Wegweiser **Rinderweid (3)**. Nächstes Zwischenziel ist links haltend Rederten. Man passiert dabei den Wegweiser unterhalb der Lufthütte nach links und steigt rechts von Unter Rederten nach **Rederten (4)**. Fast eben verläuft nun das Teilstück um eine Felskante herum zur **Mutterialp (5)**. Man umgeht die Alphütte links und quert die Geröllmulden an der Westseite des markanten Rund Chopf zunehmend steiler empor gegen die **Torberglücke (6)**. Ein kurzer Kammrücken leitet links zu ausgedehnten Karrenfeldern, zwischen dessen Spalten und Gräben sich die Markierung wie durch einen Irrgarten hindurch zum Gipfel des **Mutteristocks (7)** windet, wo man mit einer tollen Rundsicht belohnt wird. Sechs Seen umfasst das Panorama. Im Abstieg kann man vom Wegweiser Rinderweid links die etwas knieschonendere Abstiegsvariante via Aberen wählen, die in der Mitte zwischen Au und Hinter Bruch das Seeufer erreicht.

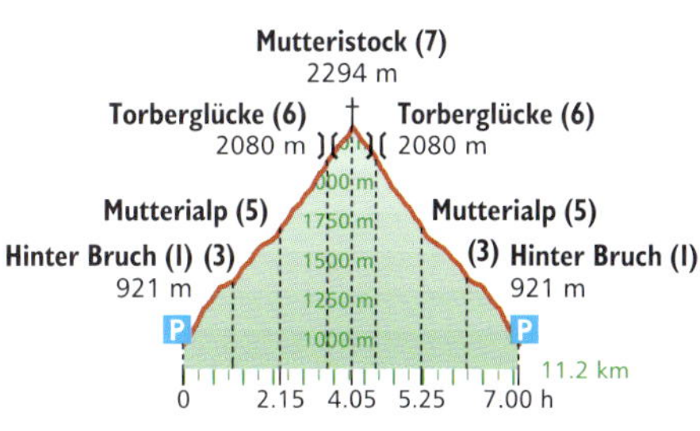

26 Bockmattli

6.30 Std.

Kletterberg auf Wanderwegen

Über dem Wägital steht der klassische Klettergarten Zürcher Bergfreunde. Sein Markenzeichen sind die lotrechten Kalkwände der Bockmattlitürme, die jählings aus grünen Matten emporsteigen. An ihrer Südflanke freilich reichen Grashänge bis oben hin. Dadurch kann auch der Wanderer die Felsarena hautnah erleben.

Ausgangspunkt: Innerthal am Wägitalersee, Postauto, Parkplätze begrenzt.
Höhenunterschied: 1100 m.
Anforderungen: Ausdauer, Trittsicherheit; nicht bei Nässe oder Neuschnee.
Markierung: Weiß-rot.
Einkehr: Hohfläschenhütte, Oberhof.
Karte: Landeskarte der Schweiz, Blatt 1153 Klöntal und 1133 Linthebene, 1:25.000; LKS 236 T.

Ausgangspunkt ist **Innerthal (1)** am Wägitalersee, 906 m. Anfangs bleibt die Route am östlichen Seeufer. Dann gewinnt man links auf einem Alpsträßchen an Höhe, benützt den rauen Weg im Wald und hält über Weiden aufwärts zum **Schwarzenegg (2)**, 1365 m. Imposant ragen links die Kalkmauern der Bockmattlitürme in den Himmel, während rechts der Schiberg dominiert. Vor dieser eindrucksvollen Kulisse leiten zahlreiche Kehren im sogenannten Chälen am **Kletterhüttli (3)** vorbei gegen den **Bockmattlipass (4)**,

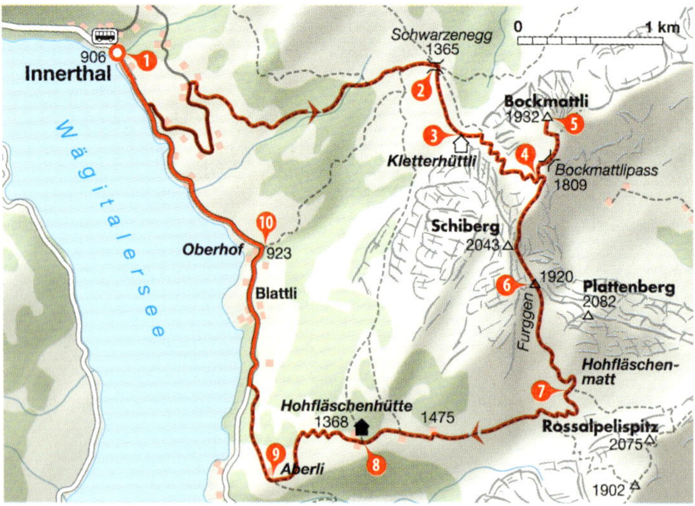

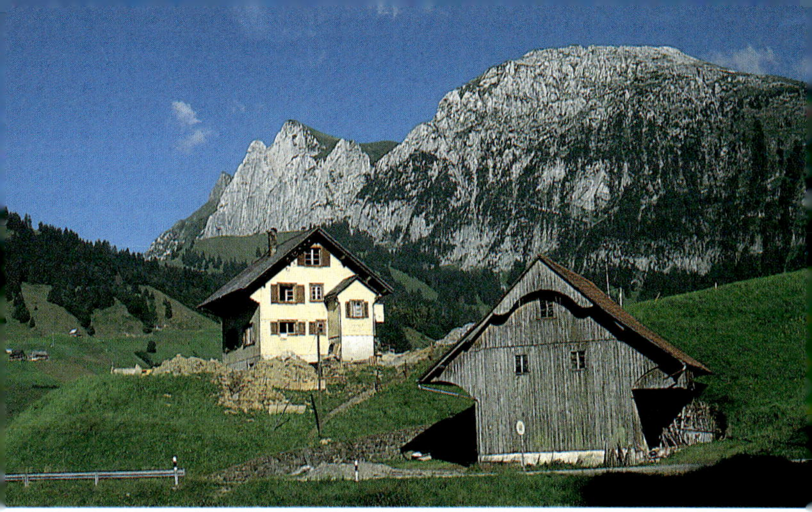

Die Felsarena von Bockmattli (links) und Schiberg (rechts) prägt diese Wanderung.

1809 m, empor. Über den grasigen Südwestabhang ist es jetzt links nicht mehr weit zum Gipfelkreuz des **Bockmattli (5)**, 1932 m.
Zurück in der flachen Senke des Bockmattlipasses hat man die Wahl, entweder auf derselben Route wieder abzusteigen oder den etwas abenteuerlich anmutenden Schneeschmelzipfad zu benützen. Der verläuft am schmalen Band horizontal durch den auffällig geschichteten Schiberg. Wie der Name andeutet, sollte diese Route erst nach der Schneeschmelze und niemals bei Neuschnee benutzt werden. In der **Furgge (6)**, 1920 m steht man wieder auf sicherem Boden und nimmt rechts den gefahrlosen Abstieg zur **Klubhütte Hohfläschenmatt (7)**. Über Alpweiden verläuft die Route anschließend vorbei an der **Hohfläschenhütte (8)**, 1368 m mit schönem Tiefblick via **Aberli (9)** abwärts gegen den Wägitälersee. Die Rundwanderung klingt mit einem Uferbummel via **Oberhof (10)** zurück nach **Innerthal (1)** aus.

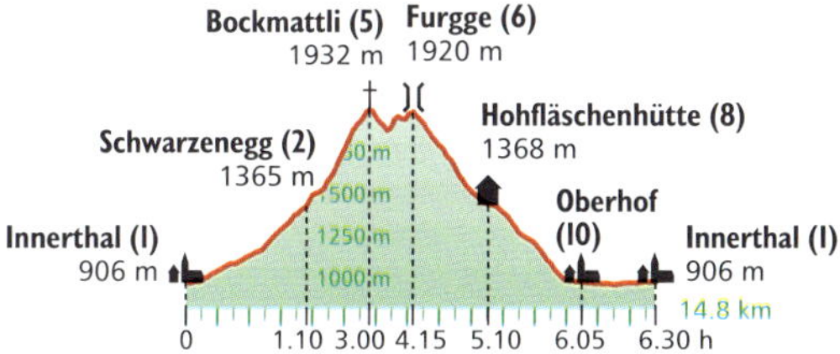

TOP **27**

Drei-Gipfel-Tour über dem Wägital

7.00 Std.

Vom Zindlenspitz zum Brünnelistock

Der kecke Zindlenspitz ist das beliebteste Gipfelziel am Wägitalersee. Wie ein kleiner Zuckerhut thront der aus markanten Schichtbändern aufgebaute Gipfelkopf über der grünen Rampe des Ruesser. Von unten wirkt das Ganze ziemlich exponiert, aber der Berg hat auch seine »Schwachstelle«, nämlich die grasige Südflanke. Wer auch noch den Übergang zum höheren Brünnelistock »dranhängen« will, sollte unbedingt schwindelfrei sein.

Ausgangspunkt: Oberhof, Parkmöglichkeit begrenzt, zu Fuß ½ Std. ab Innerthal, von dort Postauto.
Höhenunterschied: 1500 m.
Anforderungen: Trittsicherheit, Schwindelfreiheit.
Markierung: Weiß-rot, blau-weiß.
Hinweis: Für ungeübte Bergwanderer nur Zindlenspitz hin und zurück.
Einkehr: Hohfläschenhütte.
Hinweis: Wer die Rundtour abkürzen und auf Rossalpelispitz und Brünnelistock verzichten möchte, kann aus dem Sattel P. 1902 links auf einer markierten Route direkt zur Hohfläschenmatt absteigen.
Karte: Landeskarte der Schweiz, Blatt 1153 Klöntal, 1:25.000; LKS 236 T.

Ausgangspunkt ist **Innerthal** nahe der Staumauer oder für Autofahrer **Oberhof (1)** 2 km taleinwärts. Kurz dahinter zeigt links ein **Wegweiser (2)** aufwärts nach **Aberli (3)**. Im Wald gewinnt die Markierung weiter an Höhe und leitet über den **Ziggenbach (4)** hinweg zum Aberliboden, der sich ganz un-

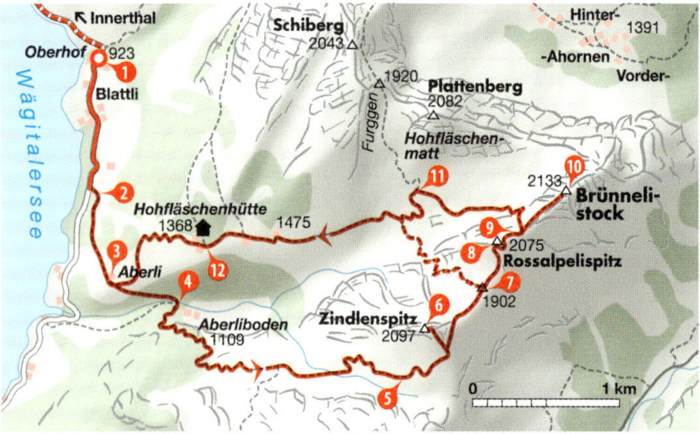

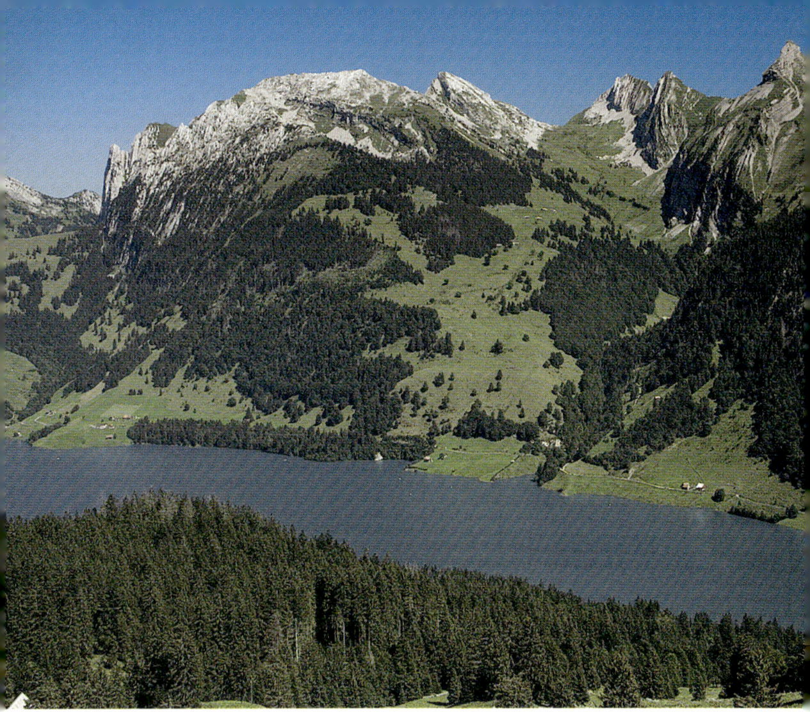

Gipfel-Trio Zindlenspitz, Rossalpelispitz, Brünnelistock (von rechts nach links) über dem Wägitaler See.

erwartet zu einem bezaubernden Talkessel öffnet. Am Sockel des Zindlenspitz erklimmt die Route das Steilstück zur **Oberen Zindlenalp (5)**. Hier wirkt der Berg nicht mehr ganz so unnahbar.

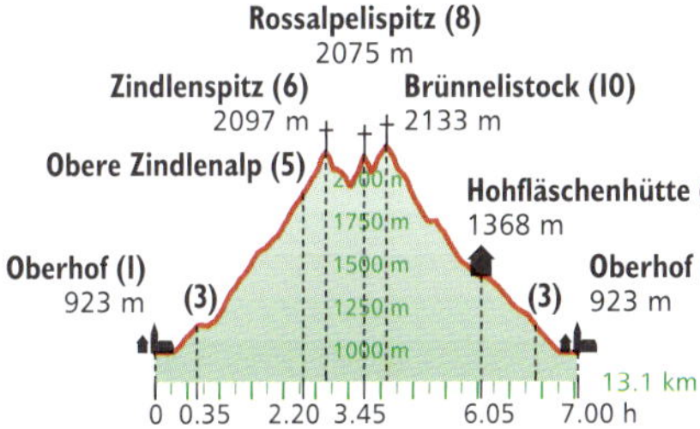

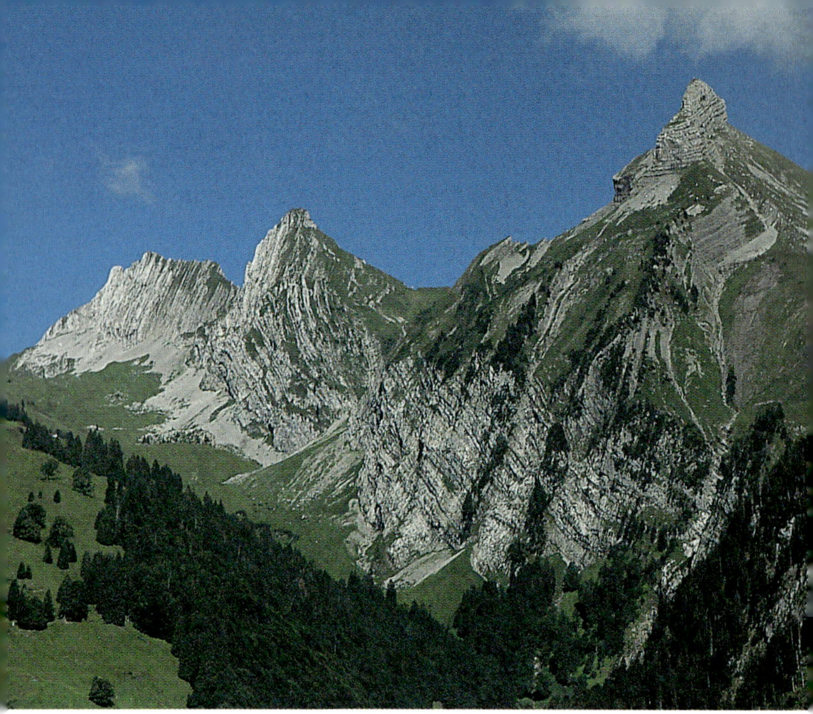

Gipfel-Trio: Brünnelistock (links), Rossalpelispitz (Mitte) und Zindlenspitz (rechts).

Eine gute Spur bewältigt den grasigen Rücken empor bis direkt unter den Gipfelaufbau des **Zindlenspitz (6)**, 2097 m, der zuletzt an seiner Südseite über einige Felsstufen bezwungen wird. Den schönen Rundblick dominiert der scharf geschnittene Brünnelistock. Vom Gipfelkreuz muss man wieder zurück zur Südrampe. Ein solider Pfad führt jetzt auf schmalem Band an der Ostseite des Zindlenspitz entlang zur breiten **Einsattelung P. 1902 (7)** vor dem **Rossalpelispitz (8)**. Dessen Gipfel, 2075 m, wird mithilfe einiger Drahtseile bis in den nächsten **Satteleinschnitt (9)** überquert. Hier beginnt der nach oben hin immer schmaler werdende Südwestgrat des Brünnelistocks, der zuletzt mit einigen leichten Kletterstellen aufwartet.
Vom aussichtsreichen Gipfel des **Brünnelistocks (10)**, 2133 m, geht es zurück zum erwähnten Sattel und dann rechts auf dem Hohfläschenweg hinunter zur **Hohfläschenmatt (11)**. Von dort leiten Alpwege via **Hohfläschenhütte (12)**, 1368 m, abwärts nach **Aberli (3)**, wo sich der Kreis schließt. Von hier gehen wir auf bekanntem Weg zurück nach **Oberhof (1)**.

5.30 Std.

Auf den Fluebrig

Beherrschender Gipfel über dem Wägitalersee

Der Fluebrig, beherrschender Blickfang über dem Wägitalersee, ist mehr als ein einzelner Berg. Ein mächtiger Bergstock breitet sich da zwischen dem hintersten Sihl und dem hintersten Wägital aus, mit mehreren Gipfeln, Hochkaren und langen Gratarmen, mit schweren Felsbänken und steilen Grasflanken. Besonders die Nordseite zum Wägitalersee zeigt einen eindrucksvollen ebenmäßigen Aufbau. Aufgrund der beherrschenden Stellung über zwei Talschaften darf man von dem höchsten Fluebriggipfel, dem Diethelm, eine großartige Aussicht erwarten, die an klaren Tagen die komplizierte Geografie der Schwyzer und Glarner Voralpen in allen Einzelheiten entschlüsselt.

Ausgangspunkt: Innerthal, Postauto; für Autofahrer Au am Südzipfel des Wägitalersees, Parkmöglichkeit beim Restaurant.
Höhenunterschied: 1100 m.
Anforderungen: Trittsicherheit und Schwindelfreiheit am Diethelm.
Markierung: Weiß-rot, blau-weiß.
Einkehr: Au.
Karte: Landeskarte der Schweiz, Blatt 1153 Klöntal, 1:25.000; LKS 236 T.

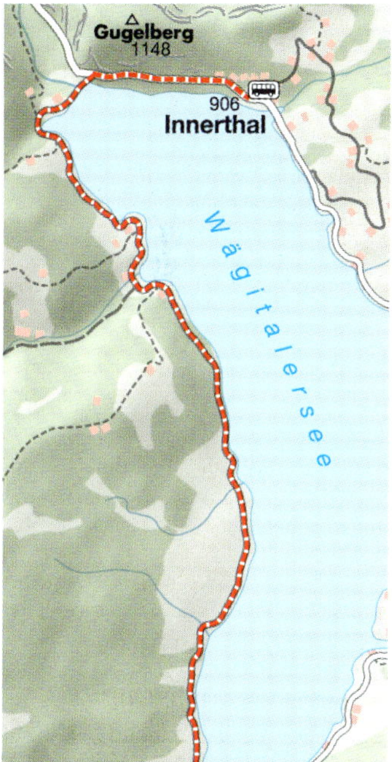
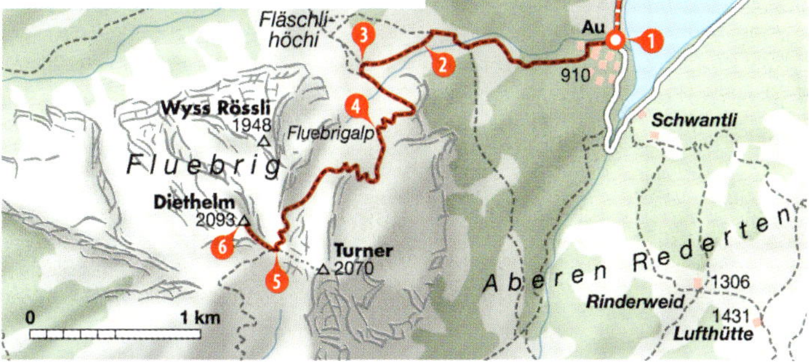

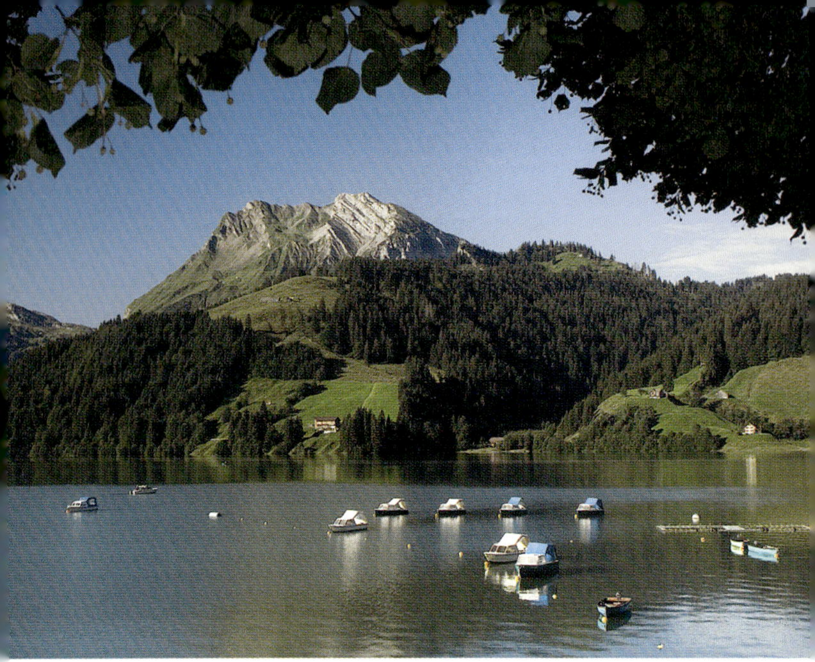

Fluebrig über dem Wägitalersee.

Ausgangspunkt ist **Innerthal** an der Staumauer des Wägitalersees oder für Autofahrer **Au (1)** am südlichen Seezipfel. Dort benutzt man zunächst den Weg zum Fläschlipass, dann die zweite **Abzweigung (2)** links zum auffälligen **Geröllfeld (3)** und folgt links dem Pfad zur **Fluebrigalp (4)**.
Die folgenden 300 Höhenmeter sind etwas beschwerlich, zwischen mächtigen Blöcken hindurch geht es durch die große Mulde zur Anhöhe unter dem spitzen Vorwerk des Wyss Rössli. Hier leiten die Markierungen in den fla-

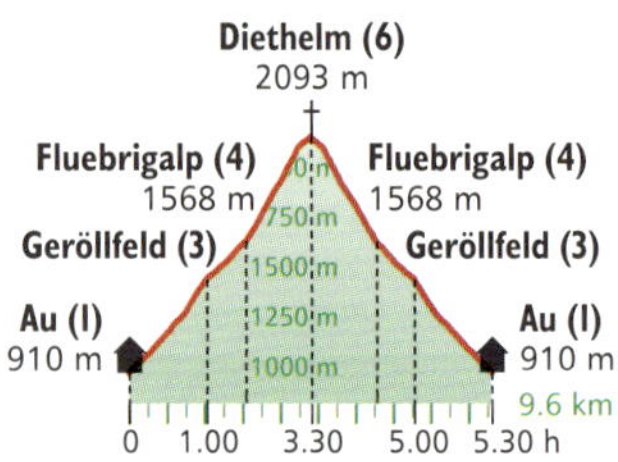

chen **Sattel P. 2038 (5)** zwischen Turner und Diethelm.

Ein blau-weiß bezeichneter Steig zieht jetzt rechts zum Gipfelaufbau, der über einen felsigen, leiter-, ketten- und drahtseilgesicherten Steilaufschwung erklettert werden muss. Eine zweite Felsstelle wird links in einer Rinne bewältigt. Oben sind es dann nur noch wenige Schritte auf dem luftigen Gratfirst bis zum Gipfelkreuz des **Diethelm (6)**, 2096 m. Der Abstieg folgt derselben Route.

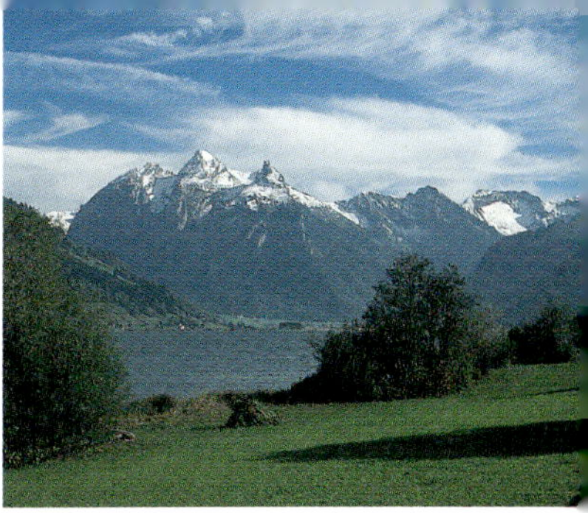

Im herbstlichen Neuschnee: Blick über den Sihlsee zum Fluebrig.

Wyss Rössli am Aufstieg zum Fluebrig.

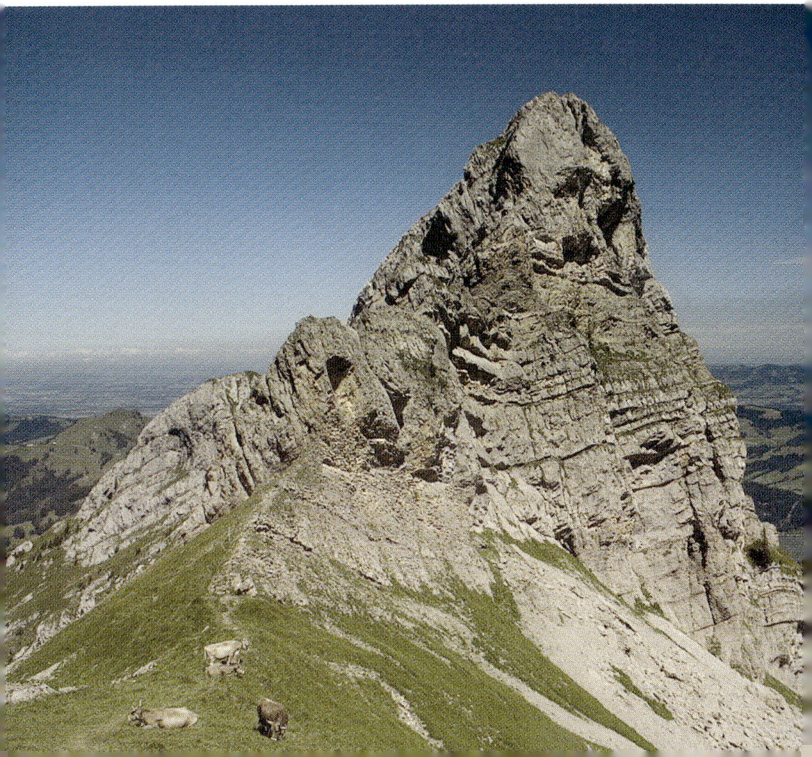

29 **4.30 Std.**

Steile Alpwege zum Gross Aubrig

Der Pförtner des Wägitals

Wägital und Wägitalersee sind klassische Wandergebiete vor der Haustüre von Zürich. Das waldreiche Wägital verläuft zwischen grünen Höhenzügen zunächst streng südwärts, bis bei Vorderthal die wuchtige, felsdurchsetzte Nordflanke des Gross Aubrig alles hermetisch abzuriegeln scheint. Straße und Taleinschnitt winden sich jedoch dicht an diesem Felsklotz vorbei, und oben, an der Staumauer des Wägitalersees, ist aus diesem Gross Aubrig eine rundliche, freundliche Gipfelkuppe geworden, deren schön aufgewölbte Südflanke zum Wandern einlädt. Die markierte Route lässt sich wegen der Südlage beinahe das ganze Jahr über begehen. Wer im Mai kommt, wird am herrlichen Blütenteppich, vor allem an Krokussen und Soldanellen, seine Freude haben.

Ausgangspunkt: Innerthal am Wägitalersee, Postauto oder Parkplatz Schrä.
Höhenunterschied: 700 m.
Anforderungen: Bei Nässe sehr rutschig.
Markierung: Weiß-rot.
Einkehr: Keine.
Variante: Trittsichere Wanderer wählen vom Gross Aubrig den steilen Abstieg südwärts über zahlreiche Weidezaunübertritte in den Sattel P. 1443 und kehren ostwärts über den Aussichtspunkt Eggstofel zum Wägitalersee zurück (1 Std. und rund 100 Hm mehr).
Karte: Landeskarte der Schweiz, Blatt 1133 Linthebene, 1:25.000; LKS 236 T.

Man wandert von **Innerthal (1)** über die Staumauer ans westliche Seeufer zum **Parkplatz Schrä (2)** und hält hinter der **Schräbachbrücke (3)** bei einer kleinen Scheune rechts hinauf zur **Alp Schrä (4)**. Im Wald erreicht der Weg

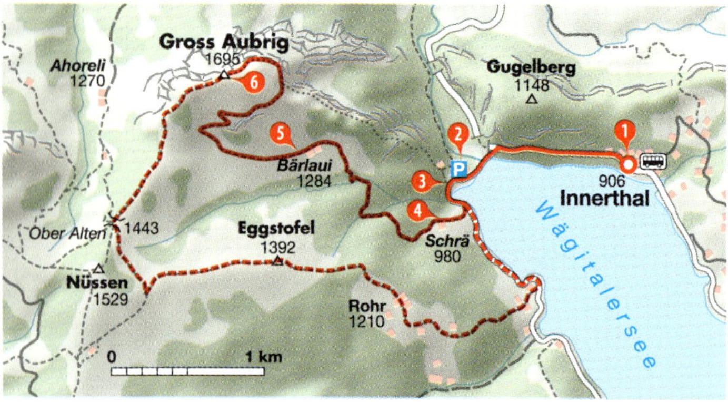

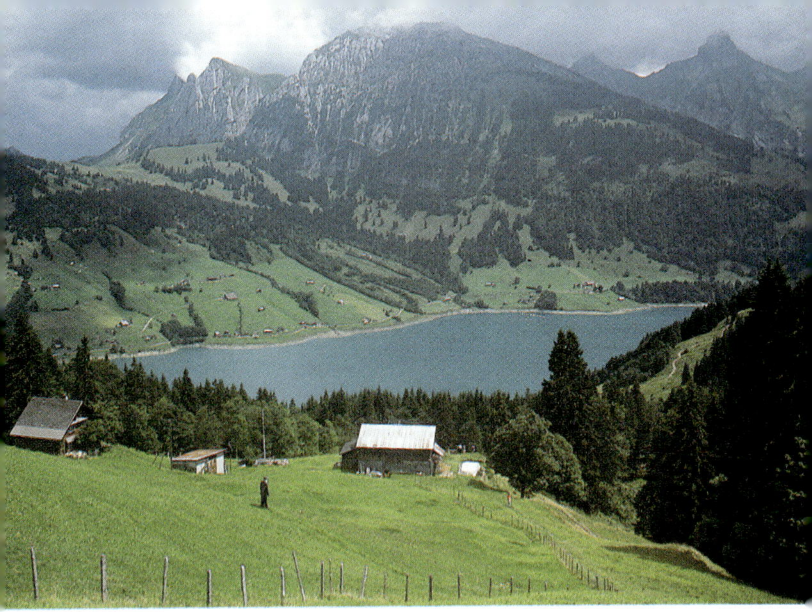

Abstieg vom Gross Aubrig: Blick zum Wägitalersee.

über zwei Bachläufe hinweg die **Bärlaui Alp (5)**, 1284 m am Fuße der Südflanke. Hinter dem nächsten Abzweig rechts nimmt die Steigung zu, aber im gut gestuften Gelände bereitet der Anstieg keinerlei Probleme. Nur bei Nässe können die Wurzelpfade unangenehm sein.

Wald und Alpmatten wechseln, ein Felswändchen taucht auf, um das einige Serpentinen elegant herumleiten. Weglos muss der letzte Hang bewältigt werden. Oben, am horizontalen **Gipfelkamm (6)**, 1695 m, teilt sich der Wanderer im Sommer die Aussicht mit den Kühen. Wunderschön gibt der Einschnitt des Wägitals den Blick frei zum Zürichsee, während zur anderen Seite der Mutteristock mit seinen ausgedehnten Karrenfeldern das Bild beherrscht. Markantes Profil zeigen die beiden Mythen im Westen sowie der Chöpfenberg im Osten, hinter dem weit draußen Säntis und Churfirsten den Horizont begrenzen.

Nach ausgiebiger Gipfelrast erfolgt der Rückweg auf derselben Route.

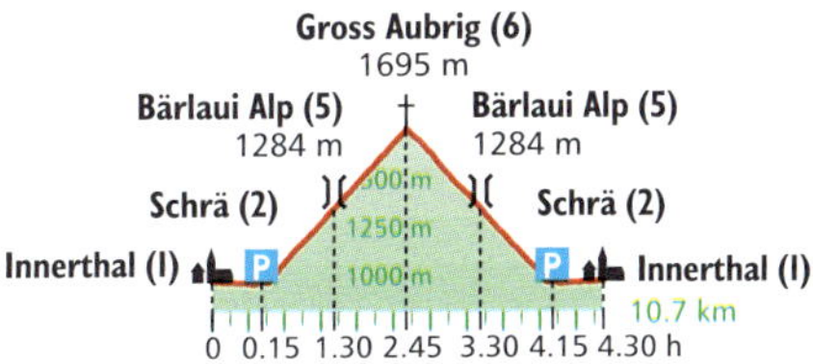

30 Vom Sihlsee zum Chli Aubrig

5.40 Std.

Wald- und Alpwege

Die sanft ansteigende Bergumrahmung des Sihlsees lässt besonders Liebhaber unbeschwerter Wald- und Alpwanderungen auf ihre Kosten kommen, z. B. bei einer Überschreitung des Chli Aubrig. Sein hübscher Gipfel wächst wie ein Höcker aus dem weich geformten Höhenzug östlich des Stausees. Das verspricht eine freie Rundsicht. Auch der Zugang vermittelt fesselnde Eindrücke.

Ausgangspunkt: Euthal, Postauto.
Höhenunterschied: 750 m.
Anforderungen: Ausdauer.
Markierung: Weiß-rot.

Einkehr: Bäsä-Beizli Ober Euthal, im Sommer Alp Wildegg.
Karte: Wanderkarte Kanton Zürich, Blatt Süd, 1:50.000; LKS 236 T.

Ab **Euthal (1)** am südlichen Seezipfel beginnt die Tour mit dem Sträßchen längs des Eubachs. Aufregend wird es kurz vor **Sagenweid (2)**, wenn die Wanderroute rechts in den wildromantischen **Chilentobel (3)** einbiegt. Der Tobel-Weg endet am Übergang über den **Chrummfluebach (4)**. Enge Kehren leiten vom anderen Ufer empor nach **Vorderchrummflue (5)**.
Anschließend verliert sich der Pfad auf den grünen Matten, aber hier helfen weiß-rote Markierungspfähle. Weiter oben beschreibt die Route zwei große

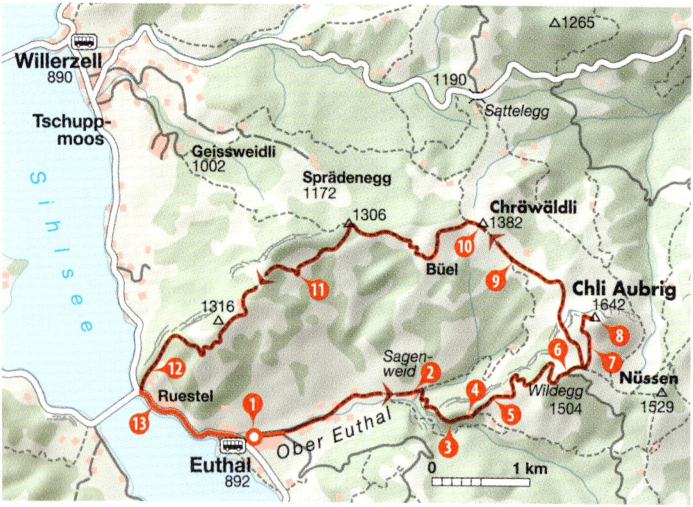

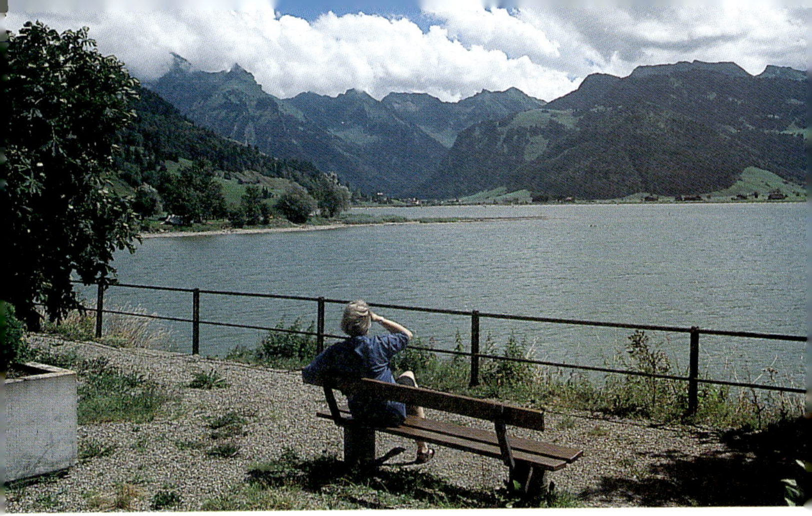

Sanfte Uferregion: Sihlsee bei Euthal.

Serpentinen im Wald, ehe sie die herrlich gelegene **Alp Wildegg (6)**, 1504 m, erreicht. Besonders im Frühjahr wirkt deren schmaler Weiderücken wie ein blühender Balkon vor der bizarren Alpenkette.
Die nächste Etappe führt an der **Alp Altenberg (7)** vorbei über die grasige Südwestflanke zum kreuzgeschmücken **Chli Aubrig (8)**, 1642 m. Zurück an der Alp Wildegg leitet der Wanderweg Richtung Sattelegg durch die Westseite des Chli Aubrig (Eisenkette) und gewinnt nach der **Alp Egg (9)** den Kammrücken **Chräwäldli (10)**, 1382 m. Der Ausschilderung Ruestel/Euthal folgend wandert man auf aussichtsreichem Seitenkamm zur **Chleriweid (11)** und hinauf zur hübsch gelegenen Alp Sattel. Über Alpwege geht es weiter hinab. Später verlässt man den breiten Alpweg und steigt im Wald an einer Geländekante steil abwärts, bis man durch ein **Tobel (12)** das Sihlseeufer bei **Ruestel (13)** erreicht. Längs des Seeufers sind es dann noch 10 Min. zurück nach **Euthal (1)**.

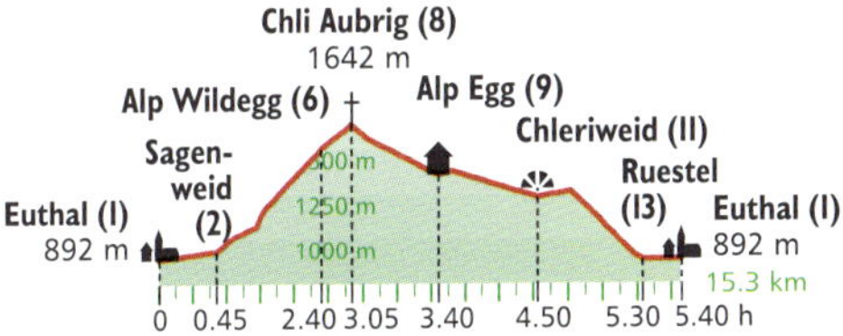

31 »Tausend« Stufen zum Etzel

4.45 Std.

Pilgerweg zur Tüfelsbrugg

Wie ein Logenplatz ragt der bewaldete Etzel zwischen Sihlsee und Zürichsee empor. Sein weich geformter Gipfel inmitten der voralpinen Weiden und dunklen Forste ist trotz der Nähe zum Ballungsraum Zürich bis heute eine Oase der Ruhe geblieben, dank der Genossenschaft Hochetzel, die sich seit 1962 für den Schutz dieser einzigartigen Bergkuppe einsetzt. Ihr gehört auch das gemütliche Kulmgasthaus, an dem aus verschiedenen Richtungen Wanderrouten zusammentreffen. Nicht der kürzeste, aber der schönste Anstieg führt von Pfäffikon durch die Nordostflanke. Er findet seine ideale Ergänzung im Rückweg durch das Hochmoor Schwantenau zur Station Biberbrugg.

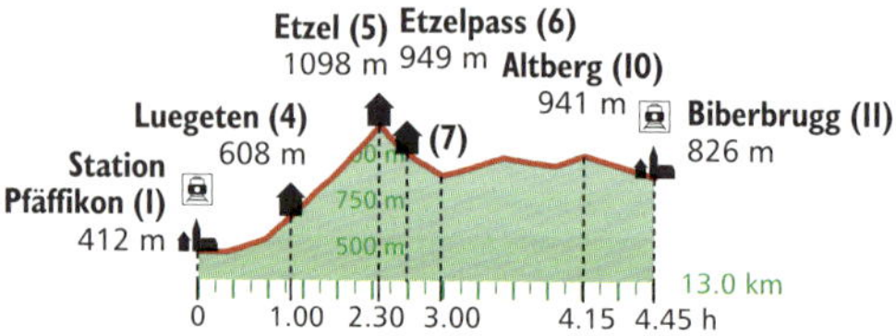

Ausgangspunkt: Bahnhof Pfäffikon (SZ), S 13, S 2, S 5, Parken am Bahnhof.
Endpunkt: Bahnhof Biberbrugg, S 13.
Höhenunterschied: 900 m bzw. 500 m.
Anforderungen: Ausdauer.
Markierung: Gelbe Wegtafeln.

Hinweis: Der Strickliweg ist, vor allem auch bei Nässe, nicht im Abstieg zu empfehlen.
Einkehr: Luegeten, Etzel, Etzelpass.
Karte: Wanderkarte Kanton Zürich, Blatt Süd, 1:50.000; LKS 236 T.

Man startet am **Bahnhof Pfäffikon (1)**. Zum Auftakt sollte man sich in Pfäffikon-Unterdorf den alten **Schlossturm (2)** anschauen. Dann geht es auf der historischen Pilgerroute des Jakobsweges unter dem **Bahnhof (1)** und spä-

Seit 1571 überspannt die steinerne Tüfelsbrugg die Sihl.

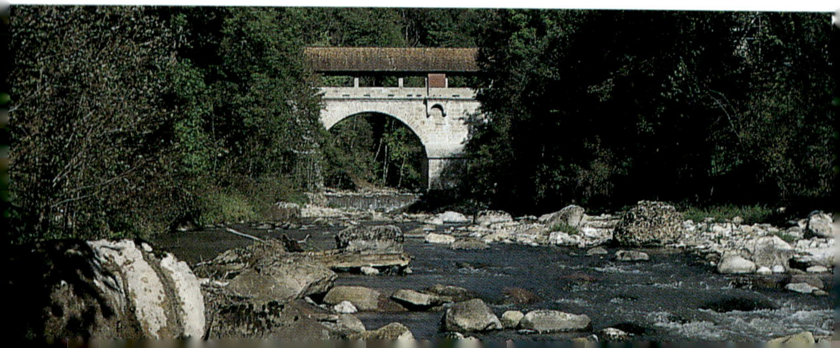

ter über die **Autobahn (3)** aufwärts nach **Luegeten (4)**. Ein Gasthaus steht an diesem aussichtsreichen Platz. Bis Erli bleibt man dem Jakobsweg treu. Von dort schraubt sich der spektakulär angelegte Strickliweg über fast tausend Stufen empor zum **Gipfelgasthaus (5)**. Kurzweilig gerät der Abstieg in den **Etzelpass (6)** mit der barocken Kapelle St. Meinrad. Das 1759 erbaute Gasthaus nebenan geht auf ein Pilgerhospiz aus dem 14. Jh. zurück. Hier mündet wieder der Jakobsweg ein.

Nächstes Etappenziel ist rechts auf Asphaltsträßchen die nahe **Tüfelsbrugg (7)**. Ursprünglich überspannte eine 1117 errichtete Holzbrücke die tief eingeschnittene Sihl. 1517 trat eine erste Steinbrücke an ihre Stelle, die im 17. Jh. einem überdachten Nachfolgebau weichen musste. Gleich nebenan steht das Geburtshaus von Paracelsus. Auf der Anhöhe **Hinterhorben (8)** verlässt man den Jakobsweg und wendet sich der Schwantenau zu. Stimmungsvoll ist die Etappe durch das **Hochmoor (9)** Richtung **Altberg (10)**. Dessen Weiderücken erzwingt einen kurzen Gegenanstieg, ehe der Weg von den Bauernanwesen links durch Wald ins Alptal und zum Bahnhof **Biberbrugg (11)** hinabführt.

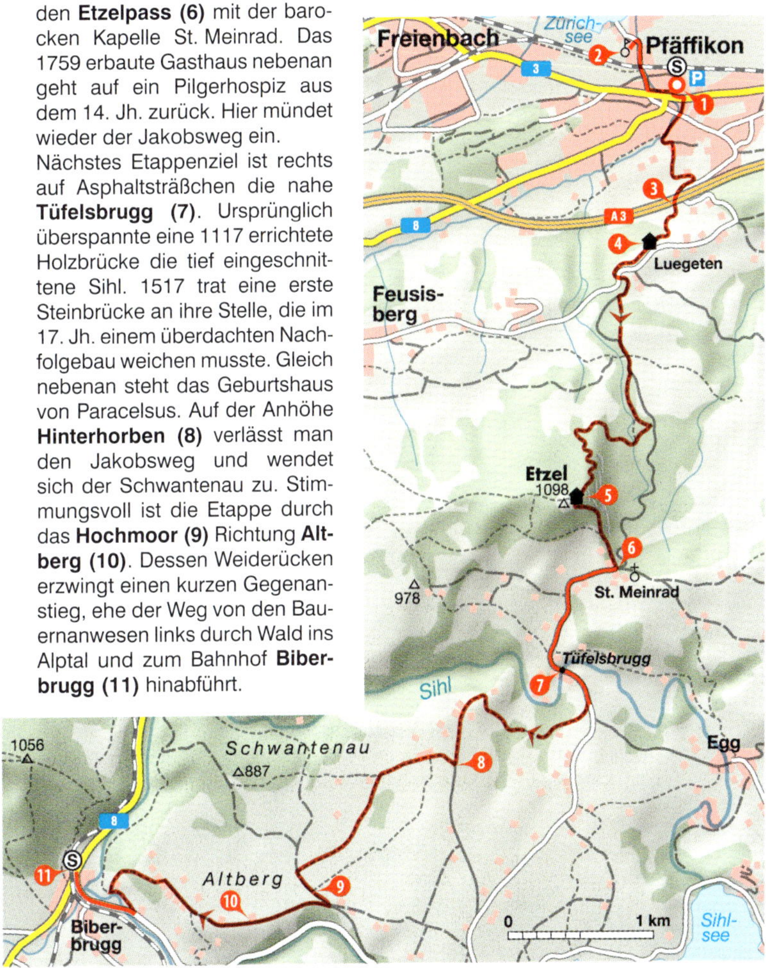

32 Übers Stöcklichrüz

6.30 Std.

Kammwanderung zwischen Zürichsee und Sihlsee

Im Unterschied zu dem von seiner Gipfelrunde nahezu eingezwängten Wägitalersee rahmen den Sihlsee, die größte angestaute Wasserfläche der Schweiz, sanfte Wiesenmatten und weich geformte Höhenzüge ein. Besonders der Kammzug Stöcklichrüz – Rinderweidhorn – Pfifegg mit seinem Wechsel von Wald, Weide und Riedland bietet zum Wandern ideale Gelegenheit. Start und Ziel dieser Rundtour liegen direkt am Zürichsee, in der um 1100 erstmals urkundlich erwähnten Seegemeinde Lachen.

Ausgangspunkt: Lachen, Autobahnausfahrt, Bahnhof, S 2, Parken am Bahnhof möglich.
Höhenunterschied: Ca. 1100 m.
Anforderungen: Ausdauer erforderlich; zu Beginn der Tour befinden sich kräftige Anstiege.
Markierung: Gelbe Tafeln.
Einkehr: Bräggerhof, Gueteregg, Ruchweid.
Karte: Wanderkarte Kanton Zürich, Blatt Süd, 1:50.000; LKS 236 T.

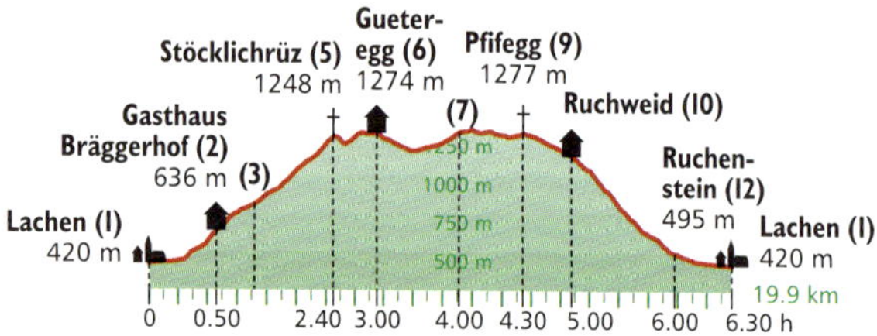

Die Wegzeichen verlassen den schmucken Dorfkern von **Lachen (1)** in südlicher Richtung, passieren Bahnlinie und Autobahn und steigen längs eines Bachgrabens durch Weideland am **Gasthaus Bräggerhof (2)** vorbei empor zum **Bräggerhof (3)**. Wenig oberhalb an einer Sitzgruppe öffnet sich ein herrlicher Rückblick zum lang gestreckten Zürichsee.
Vorbei an den **Diebishütten (4)** wendet sich die Route jetzt dem mehrgipfligen **Stöcklichrüz (5)**, 1248 m, zu. Die nächste Etappe verläuft durch arg zerzausten Bergwald zur Alpwirtschaft **Gueteregg (6)**, einem speziell bei Bikern beliebten Rastpunkt. Danach taucht der Höhenweg erneut in den Wald ein und führt auf asphaltiertem Militärsträßchen zur **Wegkreuzung (7)** am Fuß des Rinderweidhorns (1317 m).
Links um die Kuppe herum geht es nordostwärts hinab zu einem Sträßchen und auf ihm am bewaldeten Verbindungskamm hinüber zum **Abzweig (8)** zum **Pfifegg (9)**, 1277 m. Wegen ihrer vorgeschobenen Lage bildet die

kreuzgeschmückte Weidekuppe einen vorzüglichen Aussichtspunkt. Absteigend führt die Route durch Wald und Grünland zur Bergwirtschaft **Ruchweid (10)**, berührt den Aussichtspunkt **Schneggenegg (11)**, senkt sich hinab ins Spreitenbachtal, Abstecher zur Burgstelle **Ruchenstein (12)**, und trifft hinter der **Spreitenbachbrücke (13)** wieder in **Lachen (1)** ein.

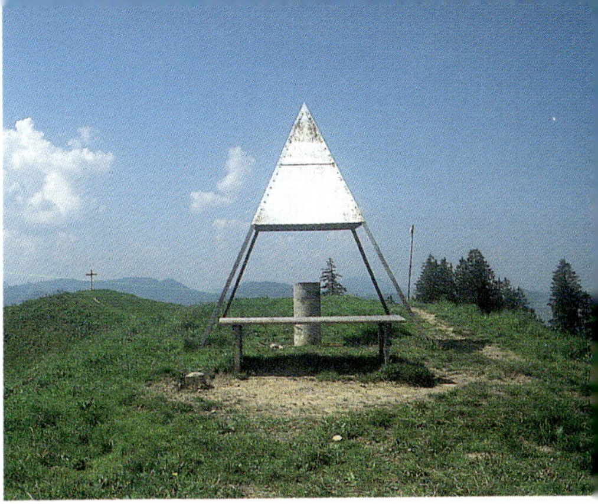

Das Stöcklichrüz trägt verschiedene Gipfelpunkte; hier der Signalgipfel.

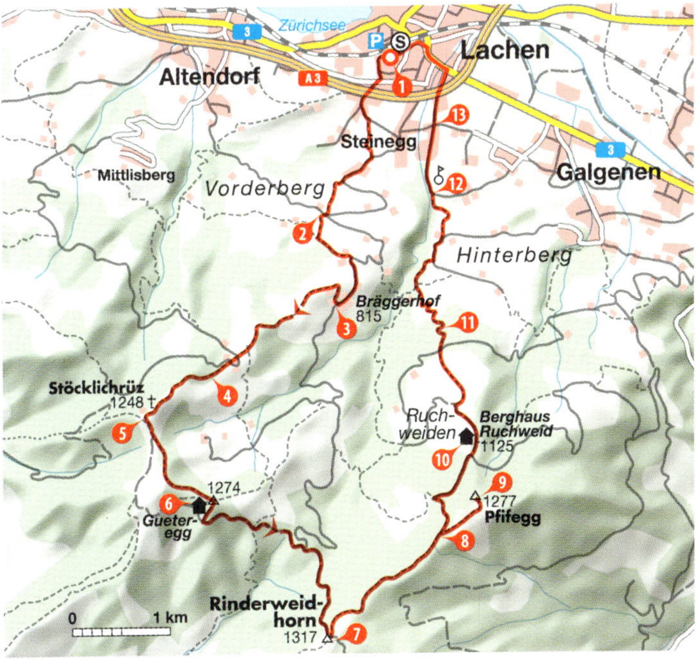

33 Rund um Einsiedeln

5.40 Std.

Wandern und Kunstgenuss

Im »Finsteren Wald«, der damals völlig unbewohnten, dicht bewaldeten Ebene zwischen Alp- und Sihltal, errichtete 835 der heilige Meinrad eine Klause. Nach seiner Ermordung 861 zog es andere Mönche in dessen »Einsiedelei«, und so kam es 935 schließlich zur Gründung eines Benediktinerklosters. Fortan bestimmte das Kloster die Geschicke der Gegend. Seit dem Mittelalter zählt Einsiedeln wegen seiner »Schwarzen Madonna« zu den bedeutendsten Wallfahrtsorten Europas. Allein fünfmal brannten große Teile der Konventgebäude ab. Erst der Neubau im 18. Jh. machte aus der tausendjährigen Kulturstätte schließlich das heute viel bewunderte Zeugnis abendländischer Barockarchitektur vor der Kulisse des Voralpenreliefs ringsum.

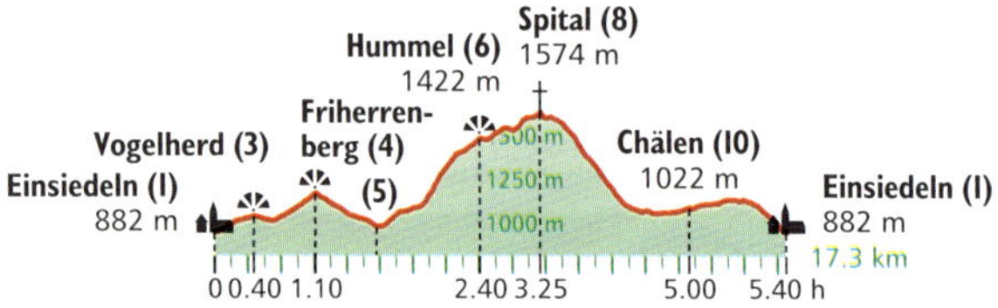

Ausgangspunkt: Kloster Einsiedeln.
Höhenunterschied: Ca. 1500 m.
Anforderungen: Ausdauer, Zeitreserve für Klosterbesichtigung einplanen.

Markierung: Gelbe Wegtafeln, weiß-rot.
Einkehr: Keine.
Karte: Wanderkarte Kanton Zürich, Blatt Süd, 1:50.000; LKS 236 T.

Blick vom Rastplatz St. Benedikt auf das Kloster Einsiedeln.

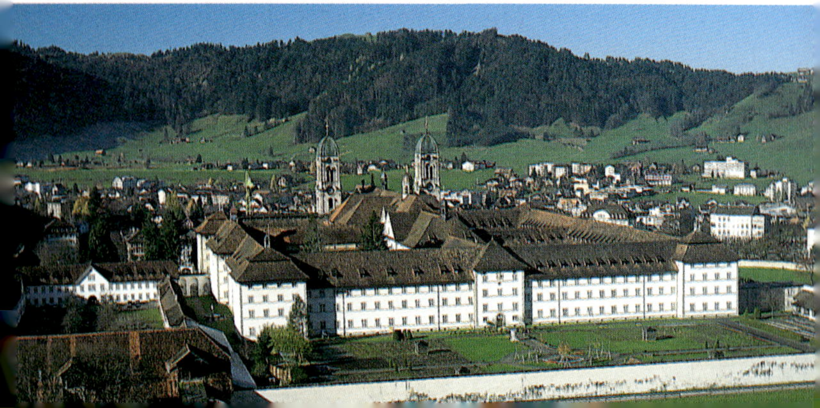

Die besten Aussichtsplätze darin erschließt ein reizvoller Rundkurs, der die **Klosteranlage (1)**, 900 m, rückseitig verlässt und zunächst den Rastplatz **St. Benedikt (2)** ansteuert. Der gewährt den besten Überblick über das Kloster. Ergänzt wird das Bild durch einen kurzen Abstecher zum **Vogelherd (3)**, wo dem Betrachter unvermittelt der blaue Sihlsee zu Füßen liegt. Nach dem Anstieg zum **Friherrenberg (4)** taucht am Horizont erstmals die Alpenkette auf. Abwärts verläuft die Route östlich in Richtung Gross, quert den **Grossbach (5)**, 913 m, und windet sich in vielen Kehren zur Wiesenkuppe des **Hummel (6)**, 1422 m, empor, von der man übers Alptal und die Sihlseeumrahmung schaut. Markierungspfähle leiten am begrasten Kamm weiter via **Bögliegg (7)** (Wegweiser) zum Gipfelkreuz des **Spital (8)**, 1574 m. Vom Säntis bis zu den Urner Alpen reicht hier die Rundsicht.

Zurück am Bögliegg geht es in langer Gefällstrecke ins Grosstal. Ab **Obergross (9)**, 990 m gilt eine neuerliche Bergetappe dem **Chälen (10)**, 1022 m. Es folgt ein unbeschwerter Bummel zurück Richtung Friherrenberg. Für den Abstieg nach Einsiedeln empfiehlt sich jetzt der ausgeschilderte Kreuzweg. Er führt am schönen **Bildstock (11)** vorüber und beschert zum Ausklang einen schönen Gesamteindruck vom **Klosterplatz (1)**.

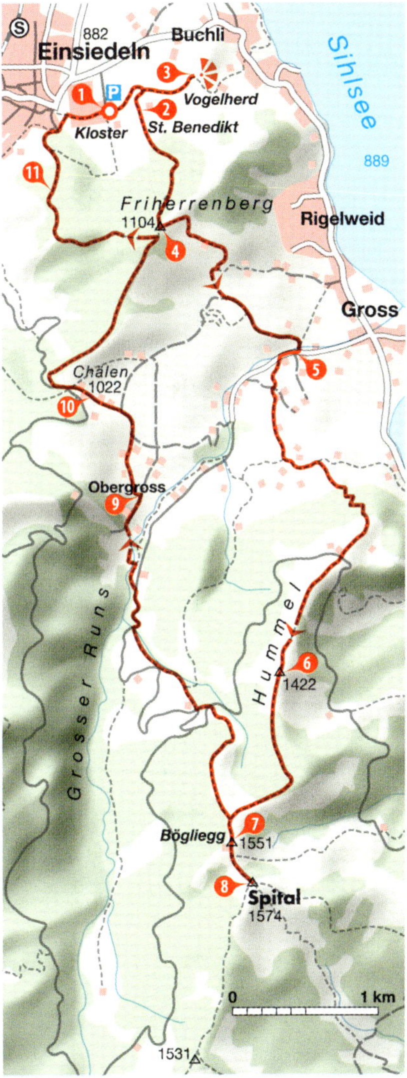

TOP 34 Druesberg

7.00 Std.

Zum höchsten Gipfel im Hoch-Ybrig-Kessel

Beherrschender Gipfel über dem Hoch-Ybrig-Kessel ist der klotzige Druesberg. Sein kantiger Aufbau hebt ihn deutlich aus seiner eher rundlichen Nachbarschaft heraus. Markante Felsgürtel verleihen ihm alpines Flair und einen Hauch von Unnahbarkeit. Andererseits erlaubt gerade dieser terrassenartige Aufbau einen gefahrlosen Zugang. Für Schwindelfreie bereitet der sogenannte Leiterenweg ein prickelndes Vergnügen. Kleinkinder oder vierbeinige Begleiter müssen bei dieser Tour allerdings zu Hause bleiben.

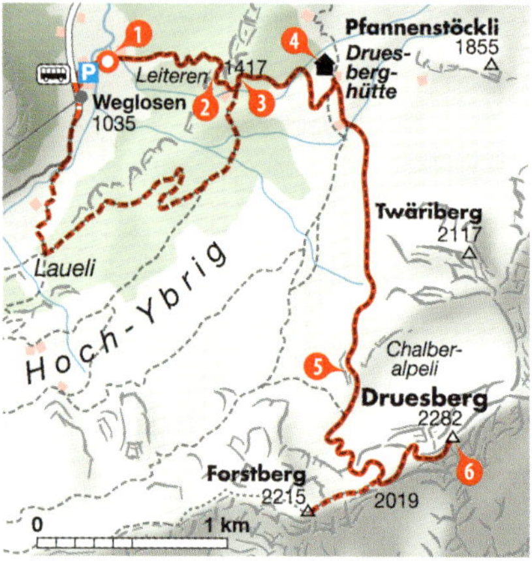

Ausgangspunkt: Weglosen, Parkhaus, Postauto ab Einsiedeln.
Höhenunterschied: 1200 m.
Anforderungen: Trittsicherheit und Schwindelfreiheit.
Markierung: Weiß-blau.
Einkehr: Druesberghütte.
Variante: Der Abstecher zum Forstberg (sehr steil) kostet 1½ Std. mehr. Abstiegsmöglichkeit vom Forstberg über zwei Felsstufen (Ketten) zum Sessellift Klein Sternen.
Karte: Wanderkarte Ybrig, Blatt Süd, 1:25.000; LKS 236 T.

Wegtafeln weisen ab **Parkhaus Weglosen (1)** ostwärts über die Waag zu einem Wiesenhang und aufwärts nach Untergruebli. Im darüberliegenden Wald geht es über zahlreiche Holz- oder Steintritte im Zickzack auf den ersten Felsgürtel zu, der die Terrasse der Chäserenalp stützt. Fast senkrecht führt eine **Leiter (2)** mit 26 Sprossen am Wändchen in die Höhe. Seilgesichert leitet der Steig weiter bis **Obergruebli (3)**. Hier sind alle Gefühle des Ausgesetztseins gebannt. Ein steiler Weidehang noch, dann lädt die **Druesberghütte (4)** zur Rast. Durch die Hänge der Chäserenalp nähert sich die Route schräg aufwärts einem zweiten Felsband, das im harmlosen Einschnitt des **Chalberalpeli (5)** passiert wird. Viele Kehren bezwingen anschließend das darüber liegende große Schuttkar in Richtung auf die Lücke zwischen Forstberg und Druesberg (P. 2019). Durch Grashänge zieht die Spur aus der Lücke links

Die steile Leiter überwindet einige Höhenmeter.

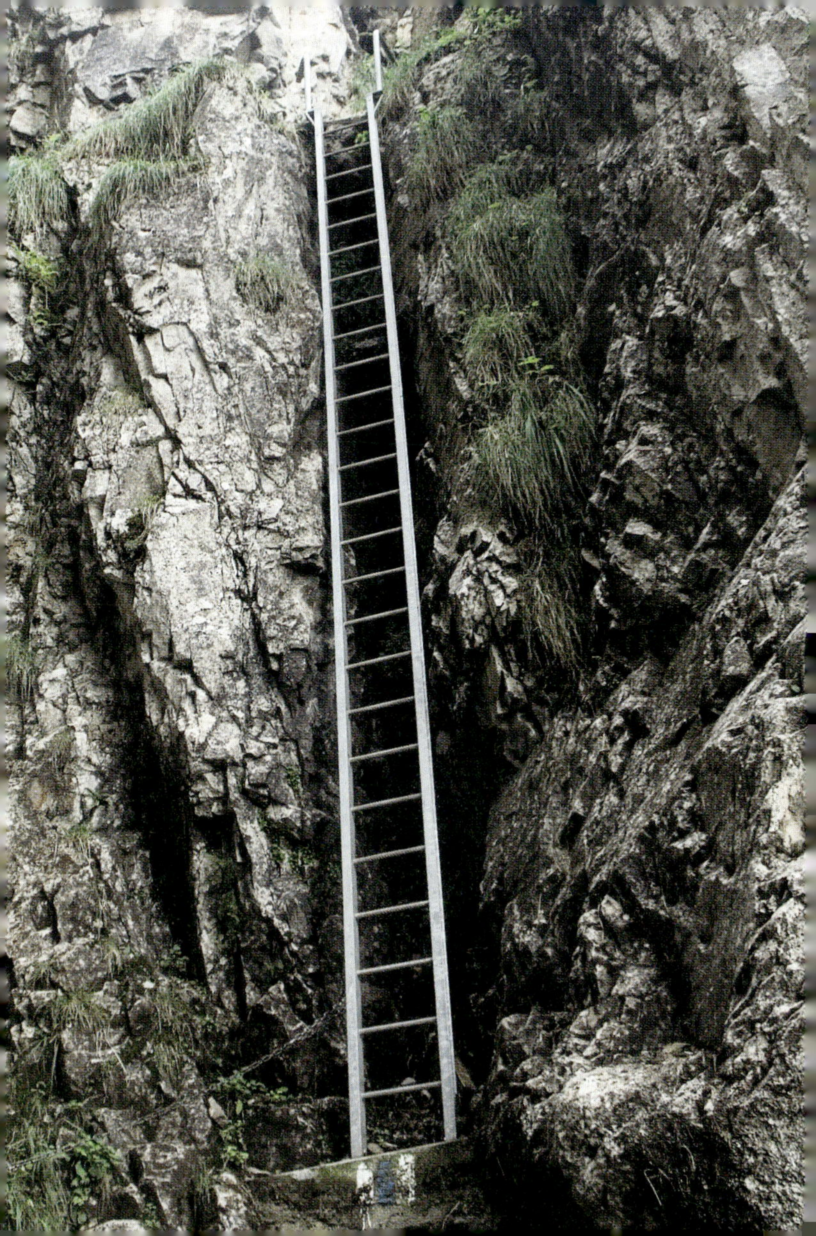

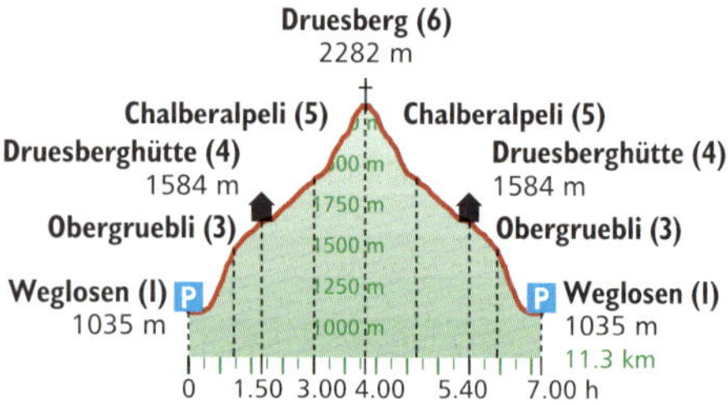

zum wuchtigen Gipfelaufbau. Ein solides Band um die Gratkante herum bewältigt auch die dritte Felsbarriere, bevor der Pfad in der Nordflanke endgültig das kreuzgeschmückte Gipfeldach des **Druesberg (6)**, 2282 m, gewinnt. Berühmt ist der Rundblick, der die kolossale Wirkung der eisbedeckten Hochalpen mit der Anmut des Alpenvorlandes verbindet. Der ganze Sihlsee ist zu sehen, und sogar ein Stückchen Vierwaldstätter See schimmert im Sonnenlicht. Absteigend benutzt man dieselbe Route. Wer den Rückweg über die Leiter scheut, wählt den breiten Alpweg ab Obergruebi und benutzt dann ab Laueli den Wiesenweg hinab nach **Weglosen (1)**.

Bild rechts: Seeblisee mit Druesberg (links) und Forstberg (rechts) im Neuschnee. Bild unten: Druesberghütte.

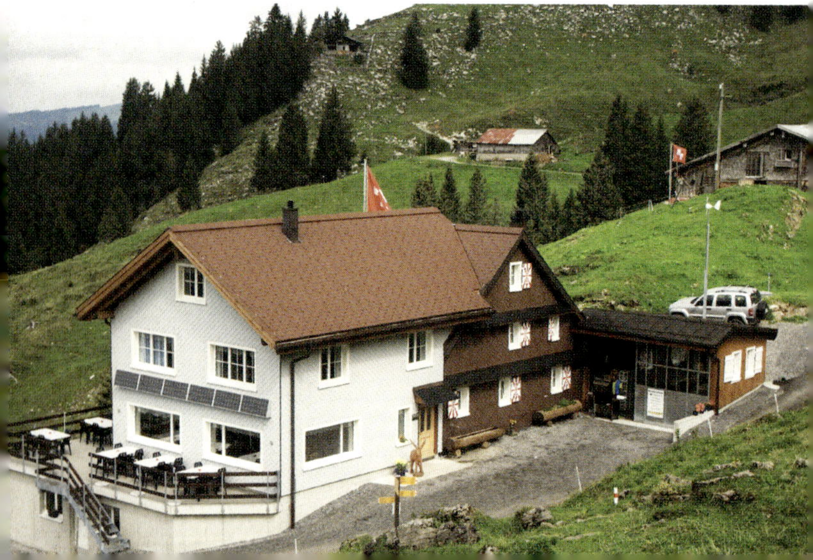

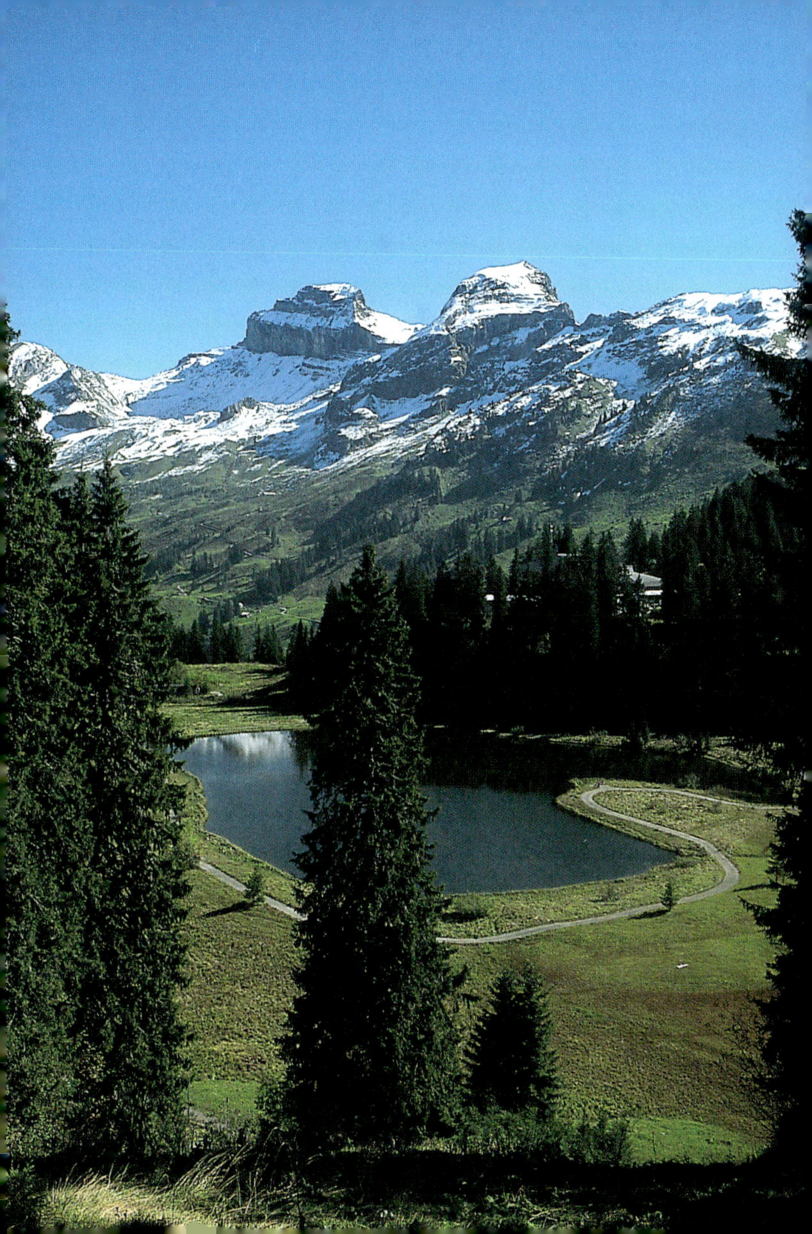

35 Geologischer Wanderweg Roggenstock

3.30 Std.

Im Zentrum des Hoch-Ybrig-Kessels

Im Zentrum des Hoch-Ybrig-Kessels empfiehlt sich der auffällig isoliert emporragende Roggenstock als exzellenter Aussichtspunkt. Bemerkenswert ist seine reiche Auswahl an Gesteinsarten, die auf engstem Raum alle bedeutenden Schichttypen des Alpenaufbaus erkennen lässt. Einzelheiten erläutert der geologische Wanderweg Roggenstock.

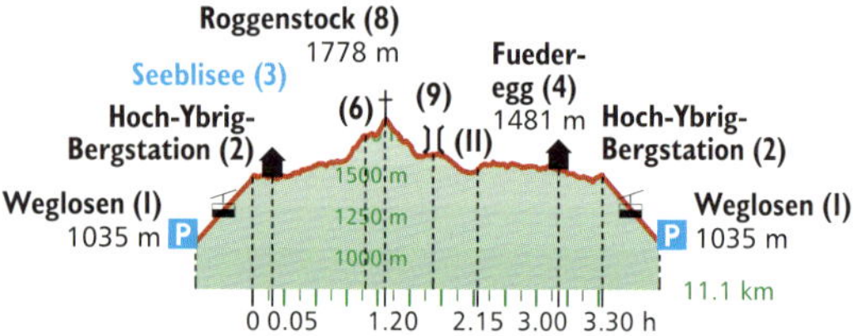

Ausgangspunkt: Hoch-Ybrig-Bergstation. Talstation in Weglosen, Parkhaus, Postauto.
Höhenunterschied: Ca. 500 m.
Anforderungen: Bei Nässe Trittsicherheit.
Markierung: Weiß-rot.
Einkehr: Fuederegg.
Hinweis: Für Trittsichere: Abstieg über den Roggenstock-Ostgrat zum Roggeneck.
Karte: Wanderkarte Ybrig, Blatt Süd, 1:25.000; LKS 236 T.

Günstigster Ausgangspunkt ist via **Weglosen (1)** die **Hoch-Ybrig-Bergstation (2)**. Der Weg führt zunächst leicht abwärts zum verträumten **Seeblisee (3)**, dem blauen Juwel des Hoch-Ybrig. Er entstand nach dem Abschmelzen eiszeitlicher Gletscher, fand später einen unterirdischen Abfluss ins Waagtal und verlandete allmählich zu einem Hochmoor. 1976 wurde sein Boden durch einen Uferweg aufgestaut und teilweise ausgebaggert, sodass sich der ursprüngliche Seespiegel zurückbilden konnte. Vom Nordufer geht es links empor zur **Fuederegg (4)**. Hier stehen die ersten Infor-

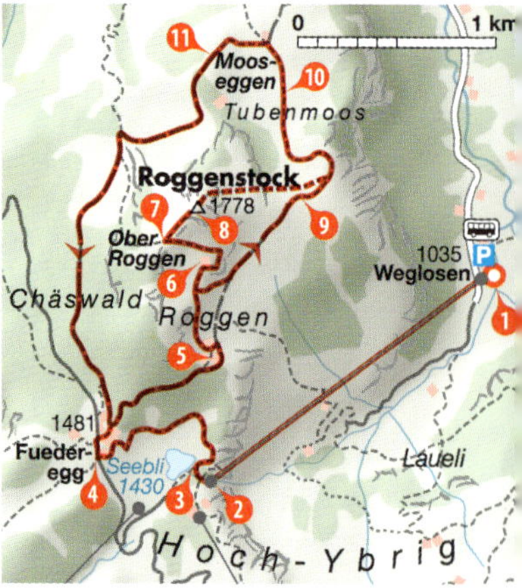

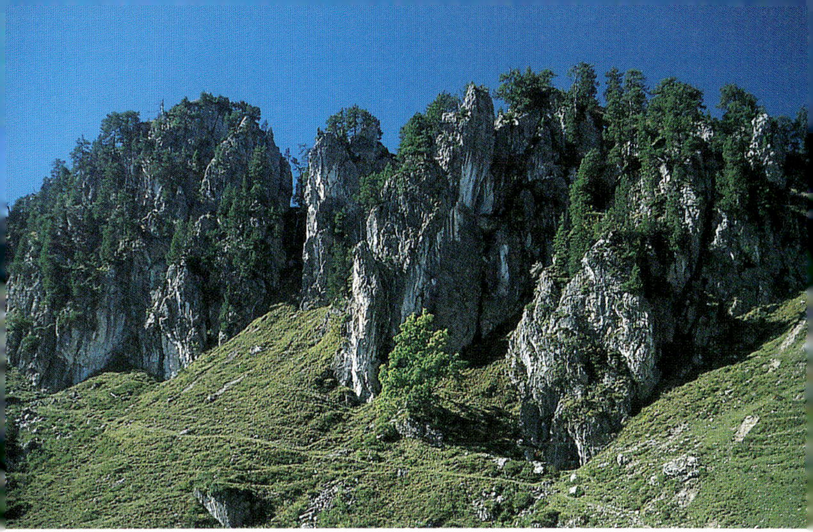

Bizarre Felsformationen am Geologischen Wanderweg Roggenstock.

mationstafeln. Die Beschilderung weist rechts im Wald empor zur **Roggenhütte (5)**. Weiter ansteigend gewinnt der Pfad die bizarren Bergsturztrümmer im ehemaligen Moränengebiet von **Ober Roggen (6)**. Wie von Riesenhand verstreut liegen die Gesteinsbrocken im Gelände. Dazwischen bahnt sich der Weg. Hinter der Alp Ober Roggen wendet man sich dem legföhrenbestockten Gipfelaufbau zu, gewinnt den Einschnitt im **Roggengrat (7)** und erklimmt schließlich auf der Krete gefahrlos den Gipfel des **Roggenstock (8)**, 1778 m. Lange lässt sich hier rasten und schauen, auf die mächtige Druesbergkette, zu den beiden Mythen, ins Waagtal oder in die Gletscherwelt der Urner Alpen.

Zurück bei der Alp Ober Roggen leitet die Route links um das **Roggenegg (9)** herum ins **Tubenmoos (10)**, zweigt am **Mooseggen (11)** erneut links ab und quert die Grünhänge der Roggenstock-Nordflanke. Später setzt sich der Weg links abknickend im Chäswald fort und erreicht wieder die **Fuederegg (4)**. Via Seebli gelangt man zurück zur **Seilbahnstation (2)** und fährt hinab nach **Weglosen (1)**.

Blick vom Roggengrat.

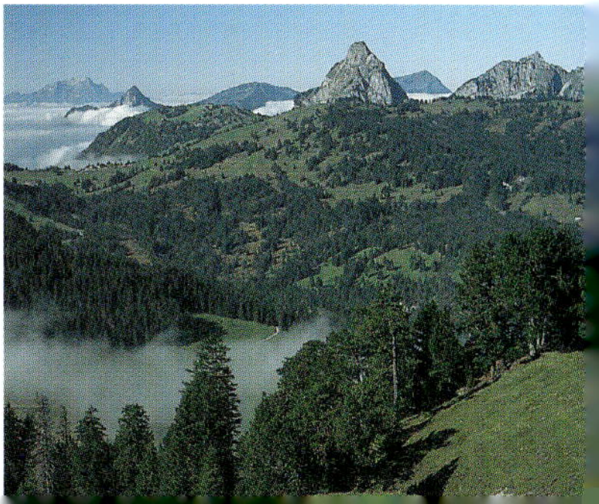

Zugerland

Zugersee, Ägerisee und Lorze

In einer Hügelzone rings um den anmutigen Zugersee liegt der Kanton Zug, mit einer Fläche von nur 240 km^2 der kleinste Vollkanton der Schweiz. Wirtschaftlich nimmt der Kanton Zug freilich eine Spitzenstellung ein, besonders im Bereich Elektronik und High-Tech. Für einige Branchen zählt Zug gar zu den größten Handelsplätzen der Welt. Die früheste Erwähnung des Namens Zug, der sich vermutlich von »Fischzug« ableitet, findet sich in einer Urkunde aus dem Jahre 1029. Bereits vor 1250 gründeten Kyburger Grafen die Stadt Zug. Im 13. Jh. kam Zug an die Habsburger, denen die Stadt 1315 als Aufmarschgebiet zur Schlacht am Morgarten diente. Morgarten heißt jene Engstelle zwischen Rossberg und Morgartenberg, in der das anrückende habsburgische Heer unter Herzog Leopold von Österreich gegen die Urkantone eine vernichtende Niederlage erlitt. Den zahlenmäßig unterlegenen Eidgenossen kam ihre genaue Ortskenntnis zugute. Laut Überlieferung ließen sie beidseits von den Hängen Baumstämme und Felsbrocken auf die Angreifer herabstürzen. »Wie irdenes Geschirr« sei der Gegner zerschlagen worden, heißt es am Eingang zur 1604 geweihten Schlachtkapelle auf der Schwyzer Seite der Passhöhe. 300 Jahre später entstand am Ägerisee, also auf Zuger Seite, das Schlachtdenkmal; am historisch falschen Ort, wie man inzwischen weiß. Damals hat der Meinungsstreit darüber lange die Gemüter erhitzt. Die

Treffpunkt der Zuger: der Landsgemeindeplatz am Seeufer.

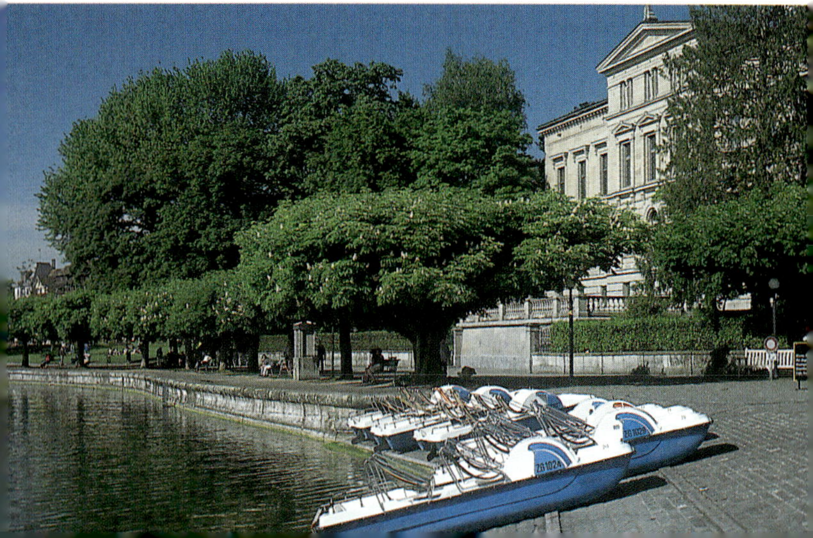

Stadt Zug trat 1352 mit ihren äußeren Ämtern der Eidgenossenschaft bei, ist aber erst seit 1814 Hauptort des gleichnamigen Kantons. Damit begann allmählich die industrielle Entwicklung der Region, die im Laufe der Zeit einschneidende Umbrüche erfuhr. Das erläutern sehr anschaulich die 60 Schautafeln des Industrielehrpfads Lorze zwischen Ägerisee und Reussspitz.

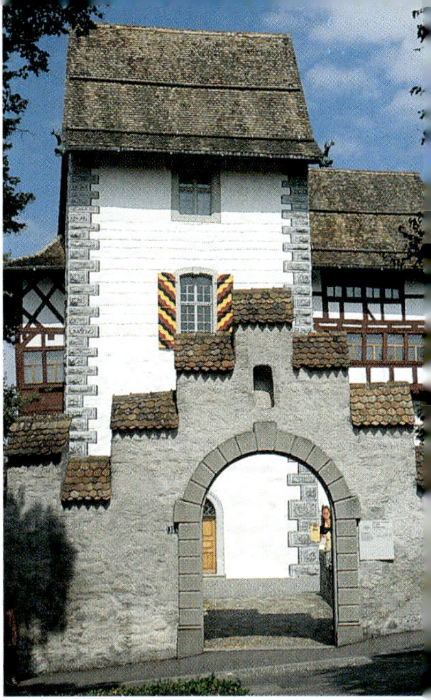

Kyburger Grafen errichteten um 1200 die Zuger Burg (heute Museum).

Der Kanton Zug nennt sich gerne »Wanderland am Alpenrand«. Nicht zu Unrecht, denn in diesem »Wanderland« gibt es auf bestens markierten Wegen ganz unterschiedliche Naturräume zu entdecken. Einzigartig ist die Moränenlandschaft bei Menzingen mit ihren von Einzelbäumen gekrönten Hügelkuppen. Stille und Abgeschiedenheit versprechen die Moor- und Riedflächen längs der Reuss. Kulturhistorisch interessante Plätze wie die Landkirche St. Wolfgang, das Gemäuer der Ruine Hünenberg oder das Kloster Frauenthal lassen sich rund um Cham entdecken, im Dreieck von Reuss, Lorze und Zugersee. Grandiose Aussicht verspricht der Panoramaweg Ägerital, der in anspruchsvoller Kammwanderung das gesamte Talbecken des Ägerisees umrundet. Einblicke in die Zauberwelt der Tropfsteine vermittelt dagegen ein Besuch der Höllgrotten bei Baar. Sie liegen tief unten im romantischen Lorzetobel und sind ein ideales Ziel für Ausflüge mit Kindern. Hoch hinauf geht es von Unterägeri zum Rossberg, der im Wildspitz den höchsten Punkt des Zugerlandes trägt. Dort oben hat das Gipfelgasthaus bereits ab Sonnenaufgang geöffnet, eine Einladung an alle Frühaufsteher, die das Naturschauspiel auf exponierter Warte erleben möchten. Sonnenuntergänge sind demgegenüber eine Besonderheit des Zugersees, dessen westlicher Horizont offen liegt. Erleben kann man sie auf dem Schiff ebenso wie auf der Zuger Uferpromenade oder beim abendlichen Schwimmen.
Wer im Zugerland nach einem Wandertag einkehrt, sollte zum Dessert nicht auf ein Stück Zuger Kirschtorte verzichten. 1923 kreierte der Confiseur Heinrich Höhn diese inzwischen weltberühmt gewordene Zuger Spezialität.

36 Moränenlandschaft bei Menzingen

3.30 Std.

Von »Klein Rom« in den Höllbachtobel

Zwischen Sihl und Lorze breitet sich eine Moränenlandschaft aus, wie sie sich in ihrer Formgebung kein zweites Mal in der Schweiz findet. Sanfte Mulden und Feuchtgebiete wechseln mit perfekt ausmodulierten Hügeln, denen die einzeln stehenden Linden einen besonderen Akzent verleihen. Inmitten dieses anmutigen Kuppenspiels liegt das Klosterdorf Menzingen. »Klein Rom« wird es auch genannt, wegen der weithin sichtbaren Kuppel seiner Institutskirche.

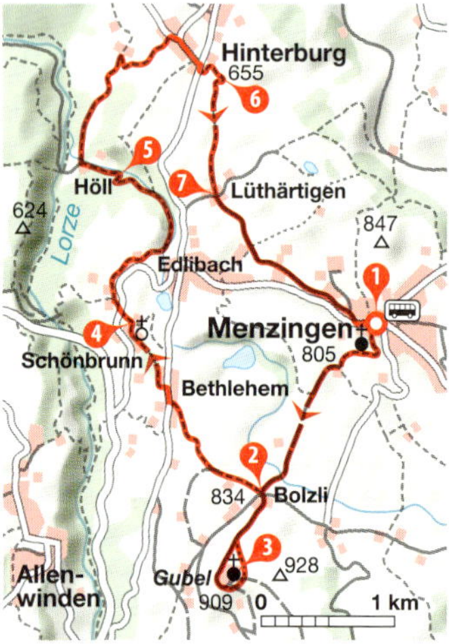

Ausgangspunkt: Menzingen, Bus Nr. 2 ab Zug.
Höhenunterschied: 450 m.
Anforderungen: Größere Wegabschnitte auf Hartbelag.
Markierung: Gelbe Wegtafeln.
Einkehr: Gubel, Höll, Hinterburg.
Karte: Wanderkarte Kanton Zürich, Blatt Nord, 1:50.000; LKS 235 T.

Nahe dem Kloster in **Menzingen (1)** zeigt ein Wegweiser südwärts via **Bolzli (2)** zum **Gubel (3)**, 909 m, dem höchsten der zahlreichen Moränenbuckel. Wie ein buntes Mosaik liegt das Mittelland hier dem Betrachter zu Füßen. Wer das topografische Relief zu lesen versteht, kann auch den Anmarschweg der Zürcher Truppen anno 1531 vom Albis her gut verfolgen. Nach der verlorenen Schlacht bei Kappel (Tour 47) sannen die Reformierten auf Rache, und so kam es am Gubel zu einem weiteren Gefecht. Auch dieses Mal siegten die katholischen Urkantone. Aus Dankbarkeit errichteten sie 1556

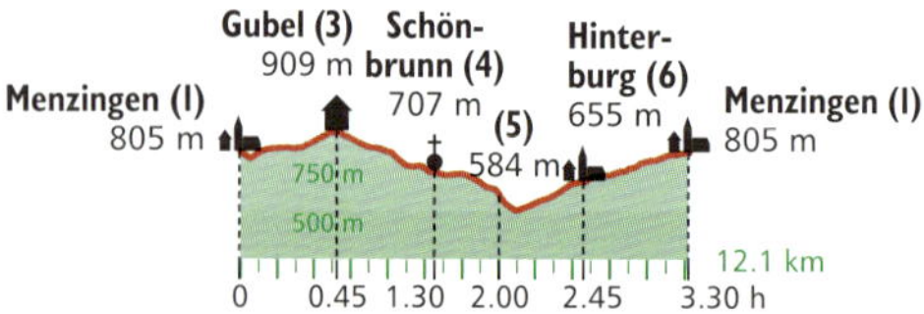

vor Ort eine Kapelle. 1847, als sich die Glaubensgegensätze im sogenannten Sonderbundskrieg erneut verschärften, kam das heutige Kloster hinzu. Vorzügliche Aniskrapfen bietet das Restaurant nebenan. Davor ist der Findlingsgarten zu bewundern. Zurück am Wegekreuz **Bolzli (2)** unterhalb des Gubels geht es links Richtung Tobelbrücke bis zur hübsch gelegenen **Kapelle Schönbrunn (4)**. Sie beherbergt einige ausdrucksstarke Skulpturen. Im weiteren Verlauf folgt man zunächst der Ausschilderung Menzingen und biegt links Richtung Baar in das wildromantische **Höllbachtobel (5)** ein. Unten im Tal beim Restaurant Höll angekommen, geht es sogleich wieder aufwärts und man gelangt durch eine wechselvolle Wald- und Wiesenlandschaft nach **Hinterburg (6)**. Reizvoll ist auch die letzte Etappe, die auf Pfaden das sanft bewegte Hügelrelief durchstreift und via **Lüthärtigen (7)** nach **Menzingen (1)** zurückführt.

Wild rauscht der Höllbach talwärts, der Lorze entgegen.

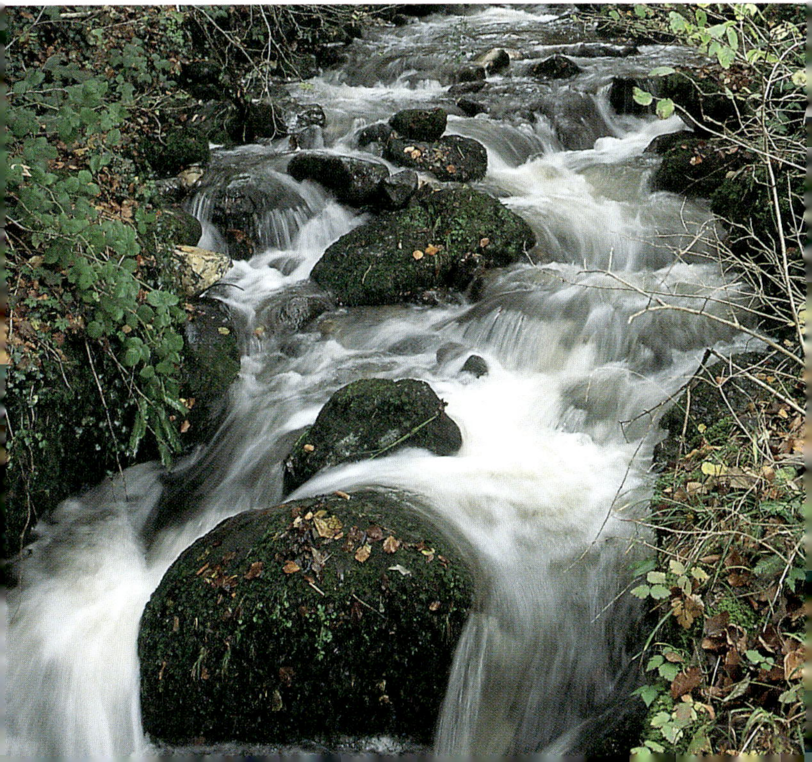

TOP **37**

Die Höllgrotten im Lorzetobel

3.40 Std.

In die Unterwelt des Zugerlandes

Inmitten des romantischen Lorzetobels, zwischen Neuägeri und Baar, liegt die unterirdische Wunderwelt der Höllgrotten. Ihr gilt nachstehende Rundtour. Sie zeigt in der von Wasserläufen und Schluchten geprägten Landschaft Naturschönheiten auf engstem Raum und lässt an der verwunschenen Ruine Wildenburg ein Stück Geschichte lebendig werden.

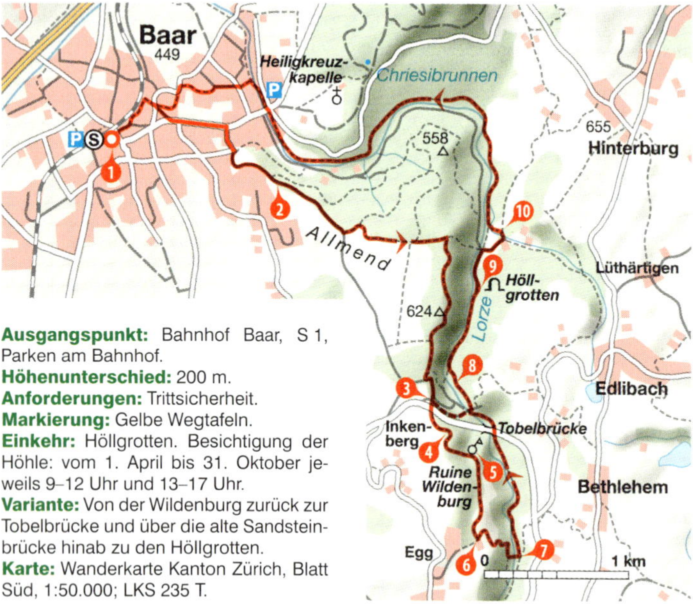

Ausgangspunkt: Bahnhof Baar, S 1, Parken am Bahnhof.
Höhenunterschied: 200 m.
Anforderungen: Trittsicherheit.
Markierung: Gelbe Wegtafeln.
Einkehr: Höllgrotten. Besichtigung der Höhle: vom 1. April bis 31. Oktober jeweils 9–12 Uhr und 13–17 Uhr.
Variante: Von der Wildenburg zurück zur Tobelbrücke und über die alte Sandsteinbrücke hinab zu den Höllgrotten.
Karte: Wanderkarte Kanton Zürich, Blatt Süd, 1:50.000; LKS 235 T.

Vom **Bahnhof Baar (1)** verlässt die beschilderte Route den Ort hinaus zur **Allmend (2)**, dann nähert sie sich dem jähen Steilabfall zum Lorzetobel und verläuft immer dicht neben der Kante zur **Tobelbrücke (3)**. Hinter der Straße hält der Pfad ein Stück bergan, taucht auf gesichertem Steig hinab in den wild zerklüfteten **Schwarzenbachtobel (4)** und windet sich auf der anderen Seite empor zur **Ruine Wildenburg (5)**. Die einstige Burg der Herren von Hünenberg (siehe Tour 42) thront auf einem gratförmigen Schottersporn

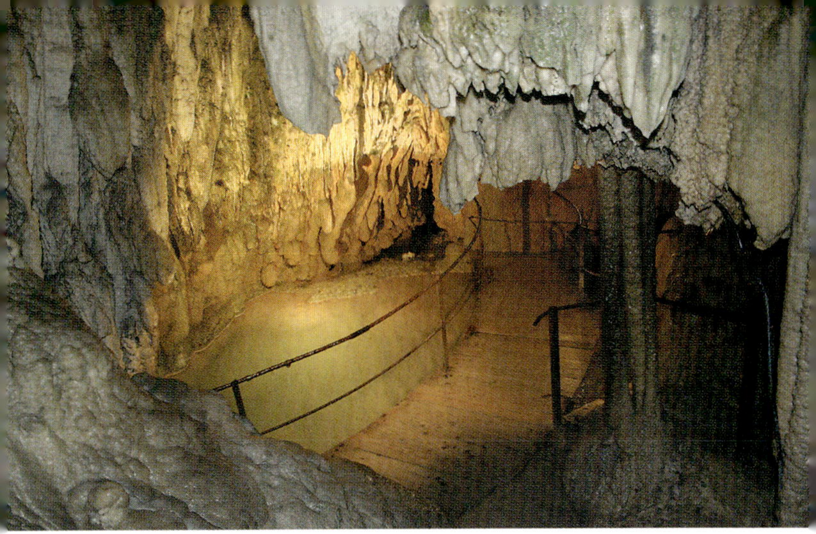

Unterirdische Wunderwelt der Höllgrotten.

hoch über dem Zusammenfluss von Lorze und Schwarzenbach. Sie kontrollierte im 13. und 14. Jh. die wichtige Verkehrsroute von Menzingen nach Zug. Rundturm und Umfassungsmauern künden noch von einstiger Größe. Von der Ruine zunächst Richtung Allenwinden. Dann, beim **Bauernanwesen (6)**, steigt die Route links hinab in das **Lorzetobel (7)**, passiert rechts haltend den Flussübergang und verläuft am anderen Ufer talauswärts zur gedeckten **Holzbrücke (8)** am kleinen E-Werk. Wenn vordrängende Felsen den Talgrund einengen, taucht bald der Eingang zu den **Höllgrotten (9)** auf. Durch kalkhaltige Quellen geformt, zeigen die beiden elektrisch beleuchteten Tropfsteinhöhlen Stalagmiten und Stalaktiten in fantastischen Formen und Farben. Geologen schätzen das Alter der vielfältigen Sintergebilde auf 15.000 bis 20.000 Jahre. Gut 45 Min. dauert ihre Besichtigung. Etwas unterhalb, dort wo das Tal sich weitet und der wilde Höllbach einmündet, bietet ein rustikales **Restaurant (10)** Gelegenheit zur Einkehr.

Der stille Lorzeuferweg leitet anschließend zurück Richtung Baar, begleitet von den Informationstafeln des Industrielehrpfades Lorze. Vorbei an der ältesten Mühle im Kanton Zug erreicht der Rundkurs schließlich wieder den **Bahnhof Baar (1)**.

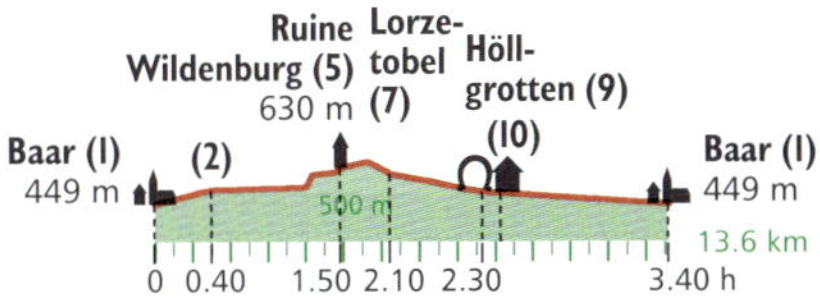

38 Vom Zugerberg nach Zug

4.30 Std.

Hoch über dem Zugersee

Zwei Gesichter zeigt der Kantonshauptort Zug seinem Besucher: die modernen Fassaden der Banken und Geschäftshäuser sowie die direkt ans Seeufer grenzende innere Altstadt, deren mittelalterlicher Charakter sich bis heute erhalten hat. 1242 durch die Grafen von Kyburg gegründet, ging die Stadt 1283 durch Erbfolge an die Habsburger und wurde erst 1352 Mitglied im Bund der Eidgenossen. Begünstigt durch die Privilegien einer freien Reichsstadt erlangte Zug nach 1415 große Bedeutung als Handelsplatz an der Gotthardroute. Von spätgotischer Blütezeit künden u.a. das Rathaus, die Liebfrauenkirche und das Wahrzeichen der Stadt, der malerische Zytturm mit seiner astronomischen Uhr. Seine Turmstube gewährt einen herrlichen Blick über die Altstadt auf den Zugersee. Berühmt sind dessen Sonnenuntergänge. Eine instruktive Gesamtansicht des Sees bietet der Zugerberg, Hausberg und Naherholungsgebiet der Stadt. Von dort geht es via Vordergeissboden zurück zur Zugerberg-Bergstation.

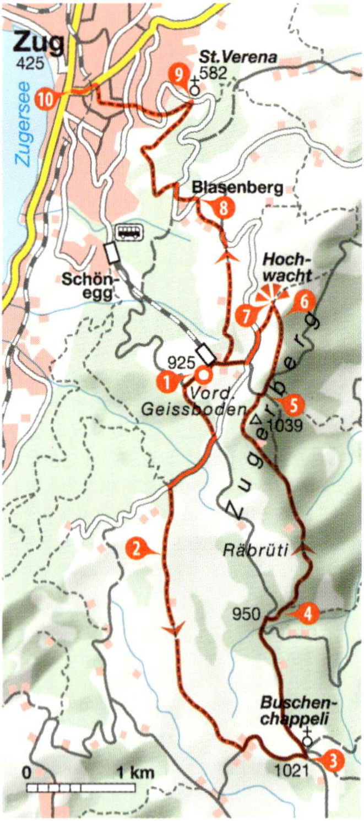

Ausgangspunkt: Bergstation Zugerberg, vom Bahnhof Zug, Bus-Linie 11.
Endpunkt: Zug.
Höhenunterschied: 250 m bzw. 700 m.
Markierung: Gelbe Wegtafeln.
Anforderungen: Leichte Wanderung.
Einkehr: Vordergeissboden.
Karte: Wanderkarte Kanton Zürich, Blatt Süd, 1:50.000; LKS 235 T.

Der Zugerberg ist mit dem Auto erreichbar, ab Bushaltestelle Schönegg (Linie 11) verkehrt aber auch eine **Standseilbahn (1)** hinauf. Oben, in meist nebelfreier Lage, lädt ein ausgedehntes Wegenetz zum unbeschwerten Bummeln. Ein schö-

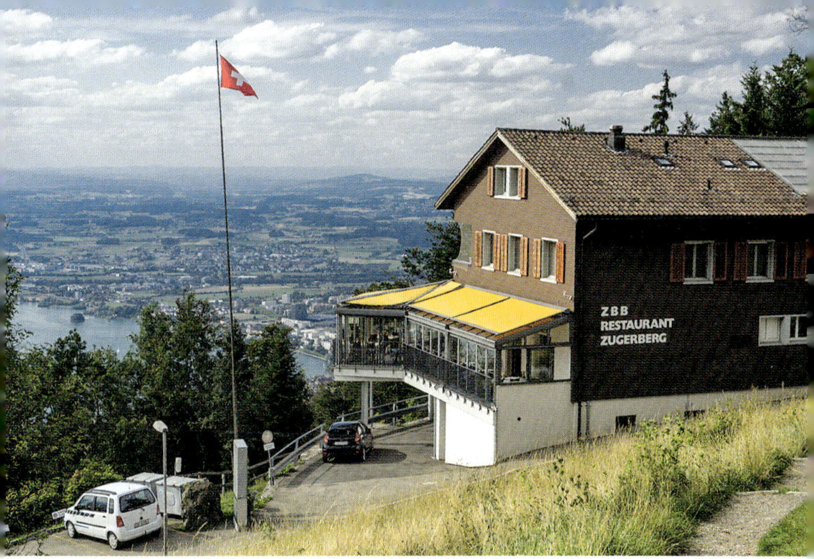

Blick von der Bergstation der Zugerbergbahn zum Zugersee.

ner, fast ebener Rundweg verläuft von der Bahnstation am Geissboden zum Aussichtspunkt **Ewegstafel (2)**, weiter via Früebüel zum **Buschenchappeli (3)** und in Gegenrichtung via Räbrätti durchs **Rämselbachtal (4)** zum **Wegsattel P. 975 (5)**. Hier hält man geradeaus über den antennengeschmückten **Hochstock (6)** zur aussichtsreichen **Hochwacht (7)**. Von dort geht es via Vordergeissboden zurück zur Seilbahnstation.
Das Schönste ist jetzt der Abstieg nach Zug. Zunächst geht es auf verschlungenen, engen Waldpfaden abwärts, ehe sich das Gelände zu den Weidehängen oberhalb von **Blasenberg (8)** öffnet. Unterhalb von Blasenberg führt der herrlich angelegte Tschuepisweg zwischen Obstwiesen und Weiden zu Tal, immer mit Blick auf Zug und den Zugersee. Später biegt rechts eine Route ab zur Kapelle **St. Verena (9)**, ein 1705 erbautes Barockheiligtum. Besondere Bedeutung haben die Votivtafeln.
Abschließend leiten die Wegweiser zum Kolinplatz. Von dort sollte man den Tag mit einem Bummel durch die **Zuger Altstadt (10)** ausklingen lassen.

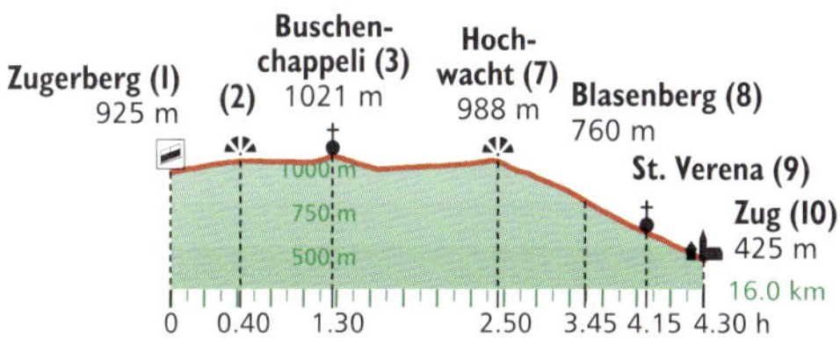

39 Rund um die Baarburg

3.00 Std.

Ein Tipp für heiße Sommertage

Weithin sichtbares Wahrzeichen der Zuger Gemeinde Baar ist die Baarburg, ein auffällig abgeflachter Waldberg, der trotz seiner bescheidenen Höhe ganz und gar das Landschaftsbild zwischen Lorze und Sihl prägt. Er gilt als uralter Siedlungsort, umgeben von mancherlei Geheimnissen. Schon seine plateauartige, wie mit dem Messer abgeschnitten wirkende Form regt die Fantasie an. Nicht weniger Eindruck machen die verwunschen im dichten Hangwald stehenden Nagelfluhgestalten, allen voran der sagenhafte Fuchsstein. An heißen Sommertagen drängt es Wanderer unter das kühle Laubdach der Baarburg.

Ausgangspunkt: Bahnhof Baar bzw. Parkplatz nahe der Spinnerei.
Höhenunterschied: 250 m.
Anforderungen: Schattige Route.
Markierung: Gelbe Wegtafeln.
Einkehr: Keine.
Karte: Wanderkarte Kanton Zürich, Blatt Nord, 1:50.000; LKS 235 T.

Etwa drei Stunden dauert der Baarburg-Rundweg, der am Parkplatz gegenüber der alten **Spinnerei (1)** an der Lorze seinen Ausgang nimmt. Wer am Bahnhof startet, benötigt etwa 20 Min. mehr. Dafür kann man sich zum Auftakt zwei Sehenswürdigkeiten von Baar anschauen: die aus dem 14. Jh. stammende St.-Martin-Kirche sowie das 1674 erbaute Rathaus, das im Riegelfachwerkstil errichtet wurde.

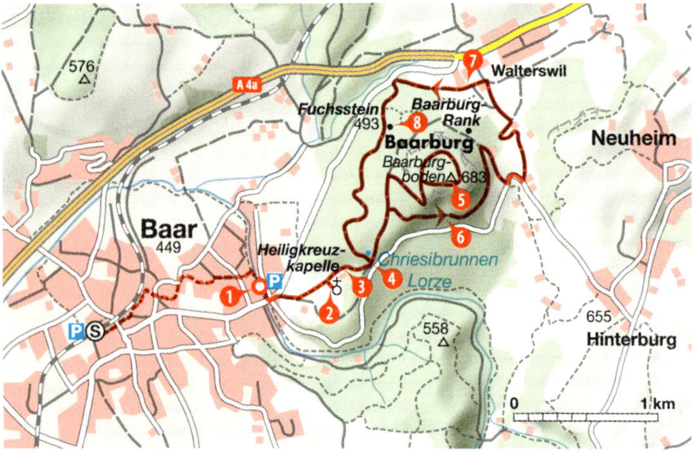

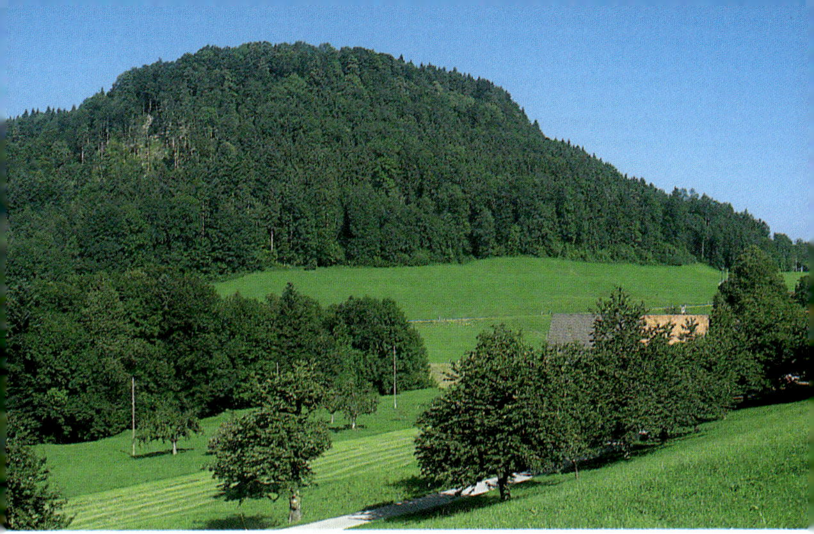

Allseits ein Blickfang: die abgeflachte Baarburg.

Von der alten Spinnerei nähert sich ein schlichter Stationsweg der am Waldrand thronenden **Heiligkreuzkapelle (2)**. Sie ist die dritte Kapelle an diesem Platz (eingeweiht 1780). Etwas oberhalb passiert der Weg das **Bruederhus (3)**, taucht im Wald unter, bewältigt auf Holztritten den romantischen Felskessel am sogenannten **Chriesibrunnen (4)** und gewinnt schließlich die Verzweigung Rossstand. Links biegt die Route in den Baarburg-Rank ein, aus dem eine Richtungstafel später rechts empor zum **Baarburgboden (5)** weist. So heißt das dicht bewaldete Gipfelplateau, 683 m, das am Aussichtspunkt Nord einen jähen Tiefblick ins Lorzetal bietet und beim Aussichtspunkt Süd ein Stück vom Zugersee zeigt.
Wieder zurück am Baarburg-Rank geht es links haltend durch den Hangwald zum düsteren **Rappenloch (6)**, dann rechts zur Straßenkehre und wiederum links über Matten zur Kirche **Walterswil (7)**. Wenn die Route erneut in den Wald einmündet, tauchen links die ersten Felsgestalten auf. Am eindrucksvollsten ist der **Fuchsstein (8)**, dessen mächtiger Überhang Wanderer zu erdrücken scheint.
Der untere Rundweg bringt uns dann zum **Chriesibrunnen (4)**, und via **Bruederhus (3)** erreichen wir wieder die alte **Spinnerei (1)**.

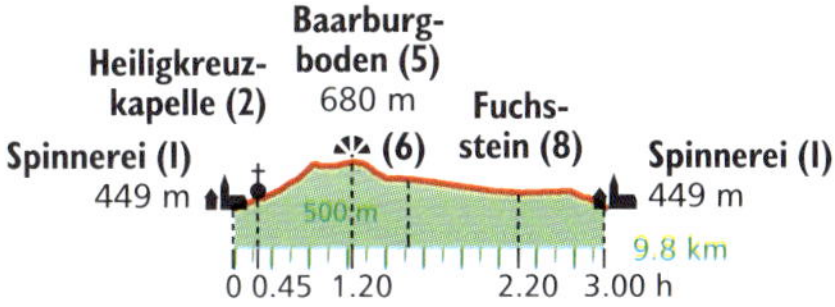

40 Panoramaweg Ägerital

8.00 Std.

Rund um den Ägerisee

Das Hochtal von Ägeri mit dem wundervoll darin eingebetteten Ägerisee ist die landschaftliche Perle im Kanton Zug. Seine unverbauten Ufer laden zum Bummeln und Baden ein und die weiße Flotte verbindet die Gemeinden Unter- und Oberägeri mit den Ansiedlungen Morgarten und Nas. Von allen Seiten bewundern lässt sich das schöne Hochtal auf dem eigens ausgeschilderten Panoramaweg. Mit knapp 30 km Länge und zahlreichen Anstiegen verlangt er acht Stunden reine Wanderzeit. An der Bushaltestelle Raten oder den Schiffsanlegern Morgarten bzw. Nas lässt sich die Rundtour in mehrere Etappen aufteilen.

Ausgangspunkt: Unterägeri, Bushaltestelle Zentrum.
Höhenunterschied: 900 m.
Anforderungen: Ausdauer.
Markierung: Gelbe Wegtafeln.
Einkehr: Kistenpass, Raten, Hauptsee.
Karte: Wanderkarte Kanton Zürich, Blatt Süd, 1:50.000; LKS 235 T und 236 T.

Sie beginnt an der Post in **Unterägeri (1)** auf der »Raten-Route« mit Aufstieg durch die Wiesenhänge des Wilerberg zum kreuzgeschmückten **Aussichtspunkt (2)**, 977 m. Hinter der **Gartenwirtschaft Kistenpass (3)** geht es im

Frühlingsstimmung am Panoramaweg Ägerital.

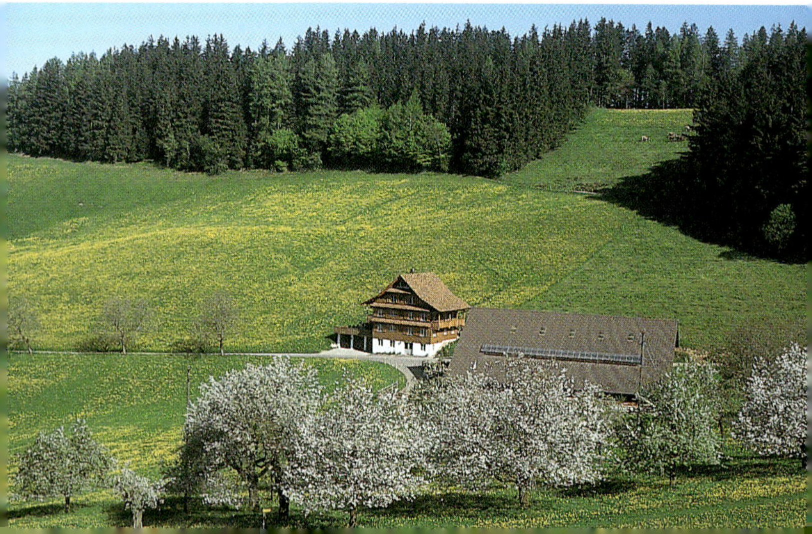

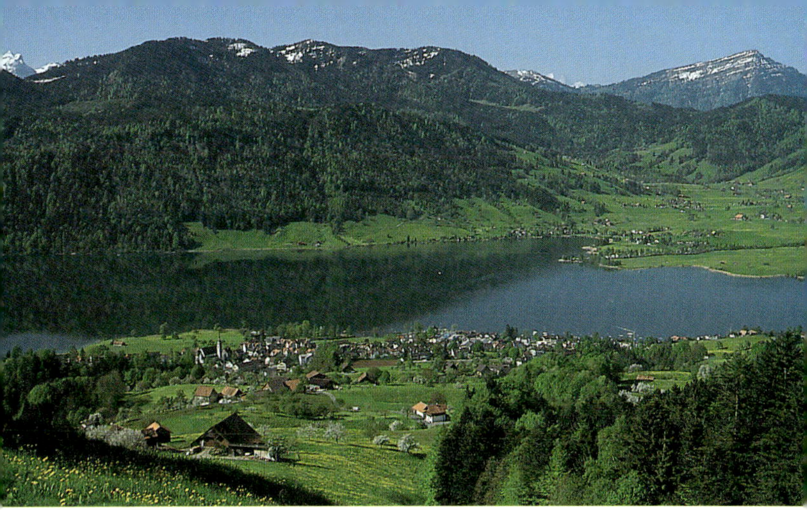

Blick von der Bruusthöchi über Oberägeri und den Ägerisee zum Rossberg.

Wechsel von Wald und Weiden zur **Bruusthöchi (4)**. Im **Muetegg (5)**, 1210 m, erreicht der Weg seinen höchsten Punkt und senkt sich allmählich abwärts zum **Ratenpass (6)** mit Gasthaus.
Ein neuerlicher Anstieg gilt der Kapelle **St. Jost (7)**. Zwischen Blumenwiesen gelangt man anschließend nach **Teufi (8)** und benutzt die kurvigen Alpsträßchen abwärts zum Schiffsanleger **Morgarten-Hauptsee (9)**. Nicht weit entfernt steht das Schlachtendenkmal, das an die legendäre Schlacht am Morgarten 1315 zwischen der noch jungen Eidgenossenschaft und dem Habsburger Heer erinnert. In typischer Riedlandschaft verläuft der Uferweg um den südlichen Seezipfel herum zur Engstelle **Nas (10)**. Steil windet sich jetzt die Route im Wald empor zur luftigen Aussichtskanzel **Rappenflue (11)**. Wenig später lädt die idyllische **Sod-Höhe (12)** zur Rast. Es folgt eine längere Gefällstrecke im Wald, ehe der Panoramaweg von **Lütischwand (13)** via **Büel (14)** durch Grünland nach **Unterägeri (1)** zurückführt.

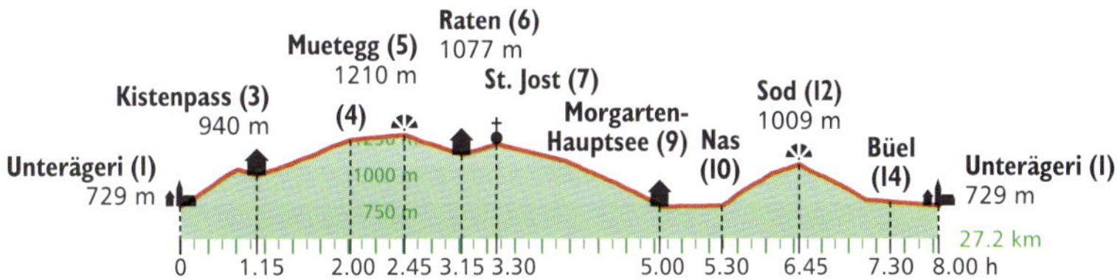

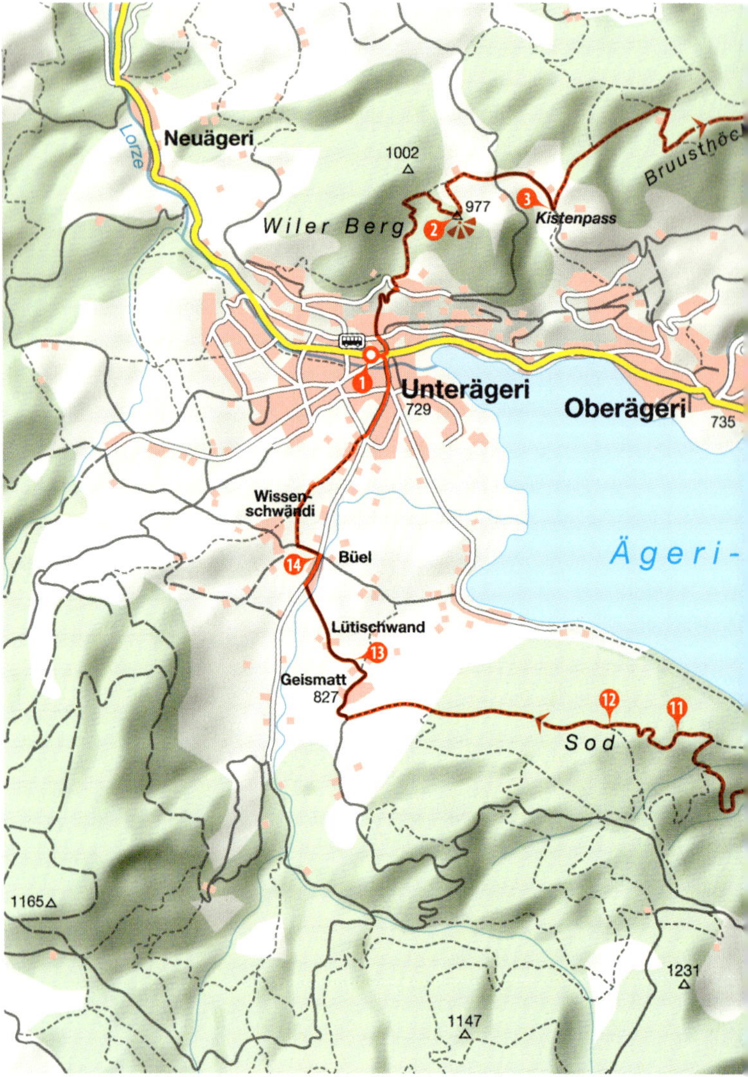

Neuägeri
Lorze
1002
Wiler Berg
977
Kistenpass
Bruusthöc
Unterägeri
729
Oberägeri
735
Wissen-
schwändi
Büel
Ägeri-
Lütischwand
Geismatt
827
Sod
1165
1231
1147

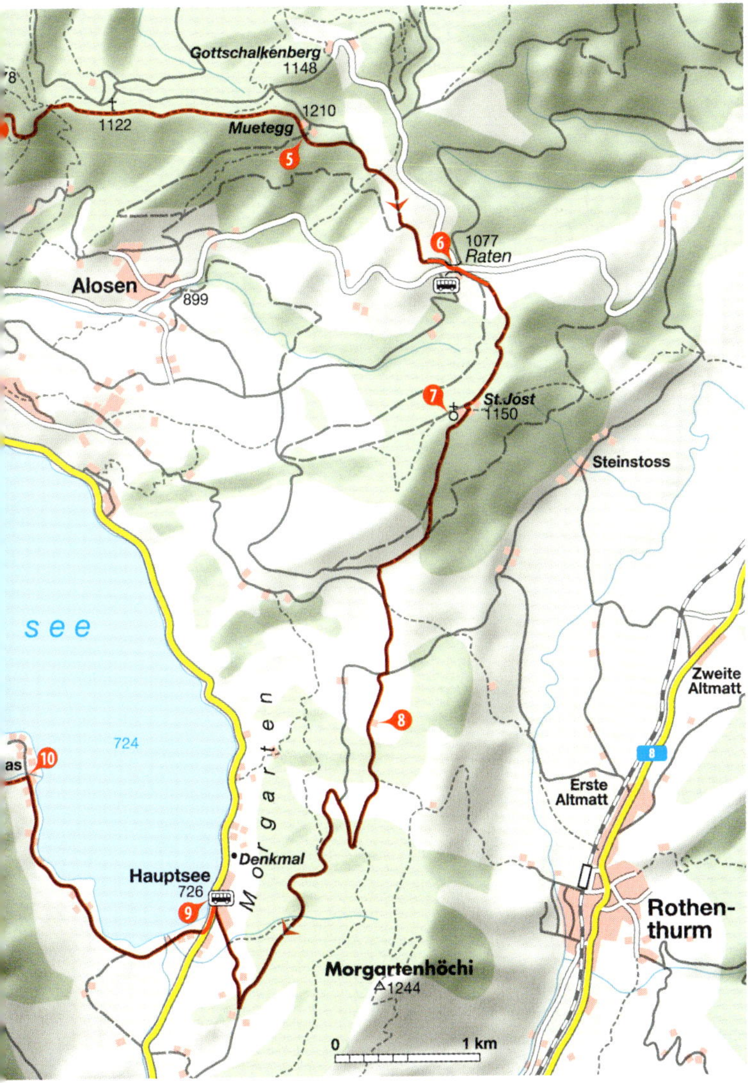

Gottschalkenberg
1148
1210
1122
Muetegg
5
6
1077
Raten
Alosen
899
7
St.Jost
1150
Steinstoss
see
Morgarten
8
724
10
as
Zweite
Altmatt
8
Erste
Altmatt
Denkmal
Hauptsee
726
9
Rothen-
thurm
Morgartenhöchi
1244
0
1 km

TOP **41**

Über den Rossberg

6.00 Std.

Auf der alpinsten Route im Zugerland

Im Dreieck von Zugersee, Ägerisee und Lauerzersee befindet sich mit dem breit ausladenden Rossberg die höchste Erhebung im Kanton Zug. Durch seine stark bewaldete Nordseite verläuft ein alpin reizvoller Übergang vom Ägerisee zum Zugersee.

Ausgangspunkt: Unterägeri, Bus von Zug.
Endpunkt: Walchwil, Bus- und Schiffsverbindung nach Zug.
Höhenunterschied: 900 m bzw. 1200 m.
Anforderung: Ausdauer, Trittsicherheit.
Markierung: Gelbe Wegtafeln.
Einkehr: Gasthaus am Wildspitz, www.wildspitz.ch.
Karte: Wanderkarte Kanton Zürich, Blatt Süd, 1:50.000; LKS 235 T.

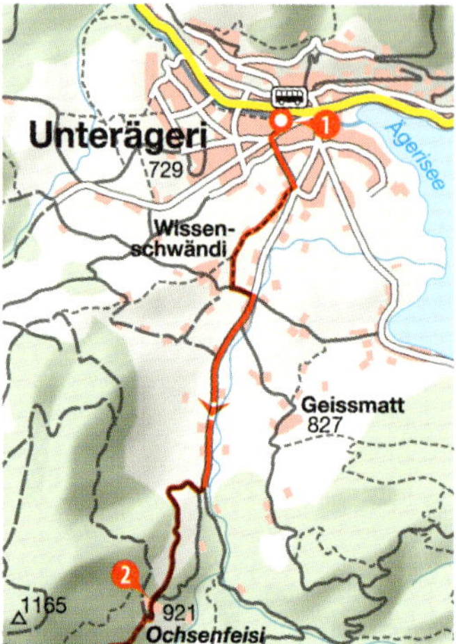

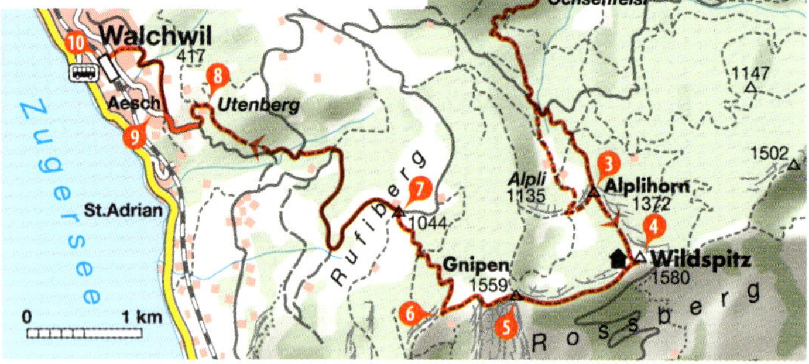

Ausgangspunkt ist der Ferienort **Unterägeri (1)**. Von der Post verlässt die Route das Dorf südwärts in den Talschluss, verläuft rechts zur Alp **Ochsenfeisi (2)** und taucht in den Wald ein. Weiter oben teilt sich die Route. Trittsichere Wanderer wählen statt der harmlosen Strecke via Alpli den spektakulären Leiterweg über das **Alplihorn (3)**, 1372 m. Eng und felsig leitet der Steig empor, ehe er mithilfe von Drahtseil und Metallleiter die Schlüsselstelle

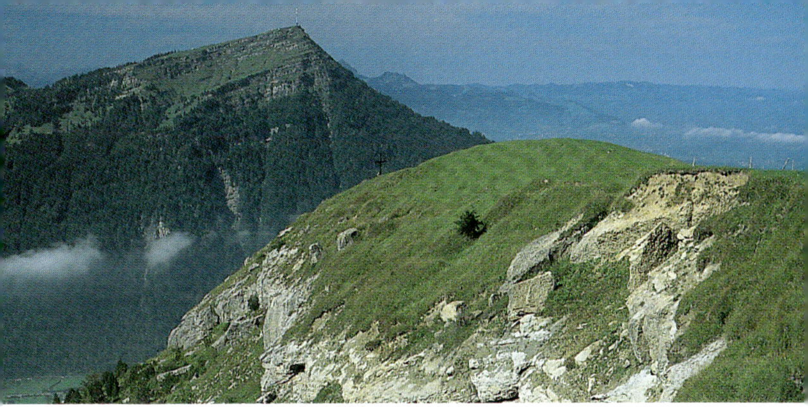

Geologische Abrisskante am Gnipen, im Hintergrund das Rigi-Massiv.

bezwingt. Danach folgen zahlreiche Kehren im Wald. Endlich öffnet sich das Gelände zur hübschen Kuppe des **Wildspitz (4)**, 1580 m. Weit schweift der Blick über den Lauerzersee gegen die Alpenkette. Wegen seiner einzigartigen Lage hat das Gipfelgasthaus bereits ab Sonnenaufgang geöffnet.
In gemütlichem Bummel geht es später hinüber zum kreuzgeschmückten **Gnipen (5)**, 1559 m. Von dessen Nagelfluhschulter löste sich 1806 ein gewaltiger Bergsturz, der Goldau samt 460 Menschen unter sich begrub. Längs der Abrisskante steigt der Pfad steil hinunter zum einzelnen Gebäude am **P. 1383 (6)**, hält ohne Wegweiser scharf rechts, beschreibt zahlreiche enge Kehren im steilen, sturmzersausten Hangwald und tritt hinaus auf den **Rufiberg (7)**, 1044 m. Unterhalb der Weiden verschwindet der Weg abermals im Wald. Beim Anwesen **Utenberg (8)** wechselt die Landschaft erneut. Durch Obstwiesen gelangt man in den Weinort **Aesch (9)** und erreicht kurz darauf den Zielort **Walchwil (10)**.
Aufgrund seines milden Klimas wird das schmucke Fischerdorf am Zugersee gern Riviera genannt; immerhin gedeihen hier Feigen und Edelkastanien.

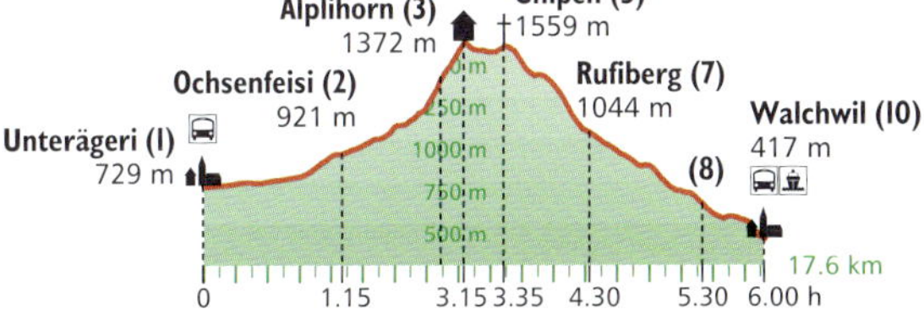

42 Kunstschätze rund um Cham

4.00 Std.

Zwischen Zugersee und Reuss

Rings um die Gemeinde Cham, die sich zu beiden Seiten der Lorze an die Gestade des Zugersees schmiegt, gibt es eine Reihe interessanter Kunst- und Kulturschätze zu entdecken. Ihre Erwanderung ist auch landschaftlich reizvoll, aber wegen der Asphaltetappen nichts für heiße Sommertage.

Ausgangspunkt: Bahnhof Cham, Parken.
Höhenunterschied: 200 m.
Anforderungen: Viel Hartbelag, schlecht markiert, wenig Schatten.
Markierung: Gelbe Wegtafeln.
Einkehr: Hünenberg, Wart.
Karte: Wanderkarte Kanton Zürich, Blatt Süd, 1:50.000; LKS 235 T.

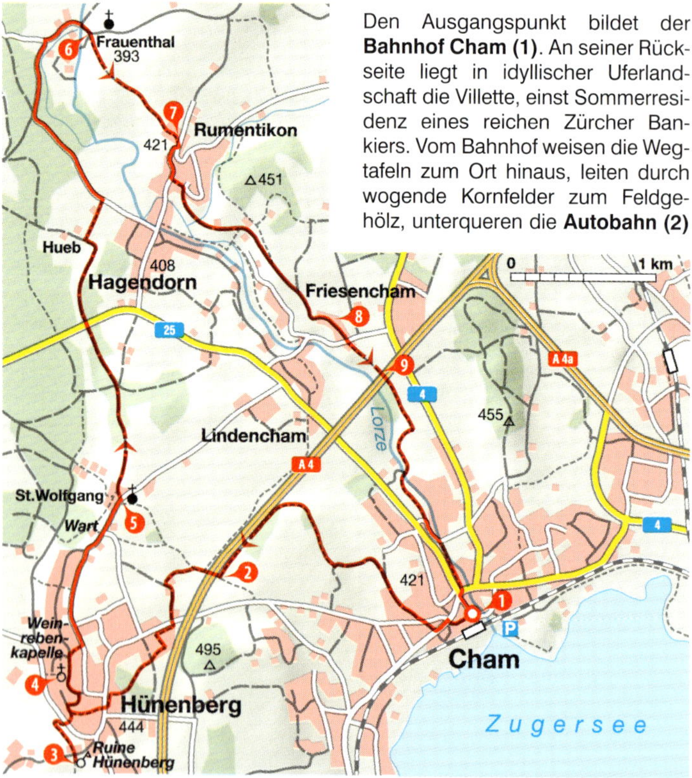

Den Ausgangspunkt bildet der **Bahnhof Cham (1)**. An seiner Rückseite liegt in idyllischer Uferlandschaft die Villette, einst Sommerresidenz eines reichen Zürcher Bankiers. Vom Bahnhof weisen die Wegtafeln zum Ort hinaus, leiten durch wogende Kornfelder zum Feldgehölz, unterqueren die **Autobahn (2)**

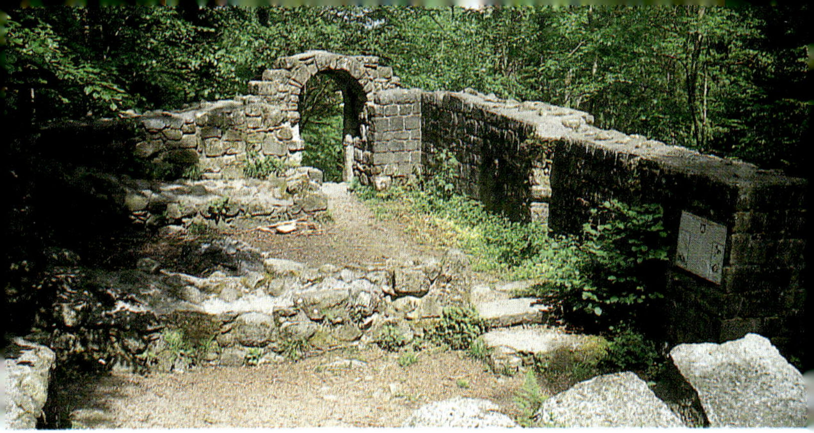

Versteckt im Wald liegt die verfallene Burg der Herren von Hünenberg.

und leiten im Gewerbegebiet nach Hünenberg. Schlecht bezeichnet ist der Zugang zur **Ruine Hünenberg (3)**. Sie liegt versteckt am westlichen Dorfrand, zwischen zwei schluchtartigen Bachläufen. Nur dicke Grundmauern und der Torbogen zeugen noch vom einstigen Stammsitz der Ritter von Hünenberg.
Wieder im Dorfzentrum geht es durch die Sonnenhalde zur spätbarocken **Weinrebenkapelle (4)** oberhalb der Hünenberger Weinlage. Weiterhin auf Hartbelag wandert man am Gasthaus Wart vorbei zum spätgotischen Kirchlein **St. Wolfgang (5)**. Auf seiner Anhöhe soll einst der hl. Wolfgang gerastet haben. Weit schweift der Blick übers Land. Hinter den angrenzenden Bauernhäusern taucht der bis dahin schattenlose Weg endlich in den Wald ein, hält später vor dem Anwesen Hueb rechts und nähert sich, zuletzt wieder auf Asphaltsträßchen, dem **Kloster Frauenthal (6)**. Abseits jeglicher Siedlung, auf einer Insel der Lorze, gründeten die Herren von Schnabelburg 1231 das Zisterzienserinnenkloster. Ihr harmonisches Gesamtbild verdankt die Anlage den Umbauten im 17. Jh.
Eingerahmt von Weiden und Obstwiesen führt der Weg jetzt weiter nach **Rumentikon (7)**, passiert die Himbeerplantagen von Schönau, durchmisst die Ansiedlung **Friesencham (8)**, hält hinter der **Autobahn (9)** abwärts zur Lorze und verläuft schließlich zwischen Grünland und Wohngebieten zurück ins Zentrum von **Cham (1)**.

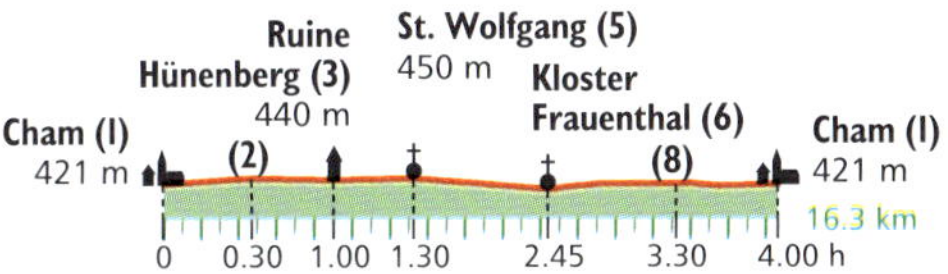

Zwischen Zürichsee und Reuss

Sihltal, Albiskette und Knonauer Amt

Eiszeitliche Moränen in ihren typischen Formen prägen die Landschaft zwischen Reuss und Zürichsee. Eine Hinterlassenschaft des Reussgletschers ist neben dem Heitersberg vor allem die Albiskette. Von den Seitenmoränen des Linthgletschers stammen dagegen die Molassedecken des Höhronen und Zimmerberges. Vormals bildeten Zimmerberg und Albiskette noch ein einziges Molasseplateau, an dessen Rand die Ursihl direkt in den Zürichsee mündete. Erst in der späteren Risseiszeit, als Linth- und Reussgletscher stellenweise zusammenflossen, wurde die Sihl von der erneuten Moränenaufschiebung des Linthgletschers abgedrängt und musste sich am Höhronen vorbei zwischen Zimmerberg und Albis ein neues, tief eingeschnittenes Bett graben. Deshalb begleitet die Sihl heute in geringem Abstand den Zürichsee auf seiner ganzen Länge, ohne von ihm geschluckt zu werden.

Lauschige Pfade durchziehen den engen Talgrund, der erst gegen Zürich hin Verkehrsadern aufnehmen muss. Knapp 40 km messen die begehbaren Uferetappen flussabwärts von Hütten bis Leimbach. Für die Tunnelstrecke der sogenannten Sihlgalerien, die beim Bau der Zürcher Wasserversorgung entstanden sind, ist eine Taschenlampe ratsam. Unbeschwerte Höhenwanderungen erlauben die Kammrücken zu beiden Seiten der Sihl, namentlich die vielfach eingekerbte Albiskette. Ihre wichtigste Erhebung ist der unmittelbar über der Stadt aufragende Uetliberg, der viel besuchte Hausberg der Zürcher. Weitere Beispiele attraktiver Naherholungsgebiete sind der Sihlwald, der Tierpark Langenberg bei Langnau a. A. oder die mediterran anmutende Halbinsel Au am Seeabhang des Zimmerberges.

Der Milchsuppenstein.

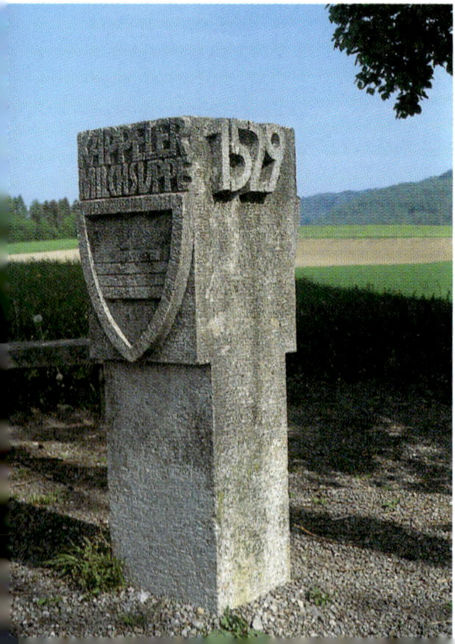

Westlich der Albiskette, scharf abgetrennt vom übrigen Kanton Zürich, liegt das Knonauer Amt. Im 13. Jh. standen die meisten Gemeinden rund um Knonau noch unter der Herrschaft der Schnabelburger Burgherren, deren Nachfolge die Habsburger antraten. Von den Habsburgern kaufte 1399 Johannes Meyer die Vogteirechte, die seine Nachkommen 1512 an die Stadt Zürich weiterveräußerten. Knapp 300

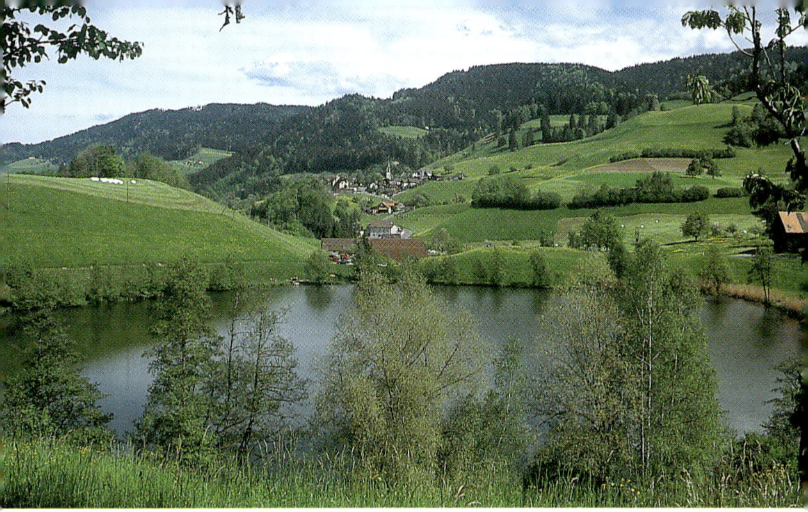

Unweit der Sihl liegt der kleine Teufenbachweiher vor der Kulisse des Höhronen.

Jahre residierten die Zürcher Landvögte im Knonauer Wasserschloss. Erst nach Napoleon, 1839, wurde Affoltern Hauptort des neu geschaffenen Bezirkes. Gleichwohl hat sich der historisch gewachsene Name Knonauer Amt erhalten.

Lange Zeit bestand die einzige Verbindung zur Kantonshauptstadt in den Bergpfaden über den Albis. Weil auf ihnen vor allem Schweine zu den Zürcher Märkten getrieben wurden, hieß die Region um Knonau bald nur mehr »Säuliamt«. Ihre landwirtschaftliche Prägung hat sich bis in die Gegenwart erhalten. Hübsch anzuschauen sind die Dörfer mir ihren stattlichen Riegelhäusern. Wohltuende Stille versprechen die Riedflächen längs der Reuss, bis ins aargauische Bremgarten, dessen mittelalterlicher Stadtkern Beachtung verdient. Perle des Knonauer Amtes ist der eng von Waldbergen umschlossene Türlersee. Einer Sage zufolge soll seine Entstehung das Werk einer racheerfüllten Frau gewesen sein. Sie hieß Vreni und besaß einen schönen Garten, der die Missgunst ihrer Nachbarn weckte. Als sie eines Tages ihren beim Fischen verunglückten Mann suchte, zerstörten die Neider ihre Blumenpracht. Darauf hob sie den Seegraben aus, um die Bösewichte darin zu ertränken.

Auf historischem Boden liegt der Klosterort Kappel, bekannt durch die beiden Kappeler Glaubenskriege 1529 und 1531. Auch in dem Sonderbundskrieg 1847 war das Knonauer Amt Schlachtfeld, als bei Lunnern wiederum die Truppen der reformierten Zürcher und der katholischen Urkantone aufeinandertrafen.

43 Alt-Wädenswil und Halbinsel Au

4.00 Std.

Zum Juwel am Zürichsee

An der verkehrsreichen Südseite des Zürichsees sind ruhige Uferabschnitte selten. Eine Ausnahme bildet das Stück zwischen Richterswil und Horgen, wo statt Autolärm der rhythmische Wellenschlag des Wassers den Ton angibt. Für Abwechslung sorgen unterwegs die Ruine Alt-Wädenswil, die idyllische Halbinsel Au sowie das Besucherbergwerk Käpfnach.

Ausgangspunkt: Bahnhof Richterswil.
Endpunkt: Bahnhof Horgen.
Höhenunterschied: Ca. 150 m.
Anforderungen: Stellenweise Hartbelag.
Markierung: Gelbe Wegtafeln.
Einkehr: Wädenswil, Au, Seerestaurant Meilibach.

Hinweis: Das Bergbaumuseum in Käpfnach hat April bis November samstags 13–16.30 Uhr geöffnet; ✆ +41/44/725 39 35; lohnend ist auch ein Besuch des netten Ortsmuseums Sust in Horgen.
Karte: Wanderkarte Kanton Zürich, Blatt Süd, 1:50.000; LKS 225 T, 226 T und 236 T.

Ihren Anfang nimmt die Wanderung in **Richterswil (1)**, dem Dorf mit dem besterhaltenen Ortskern am gesamten Südufer. Von der Schifflände bzw. vom Bahnhof weisen Wegtafeln zwischen stattlichen Riegelhäusern an der Kirche vorbei aufwärts zur Unterführung der Südostbahn. Davor ein Stück

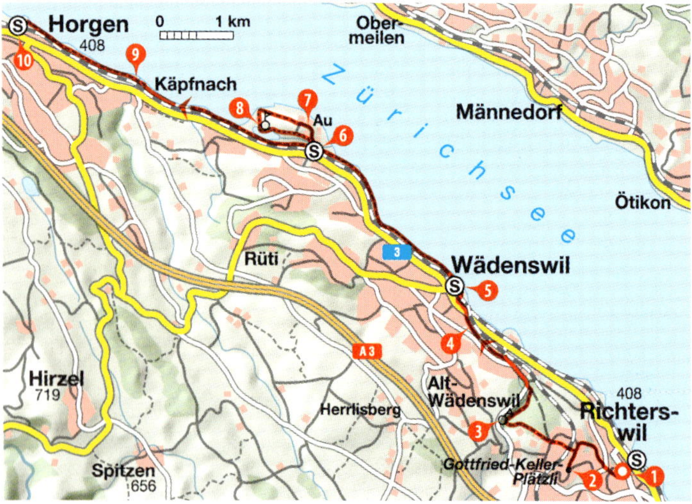

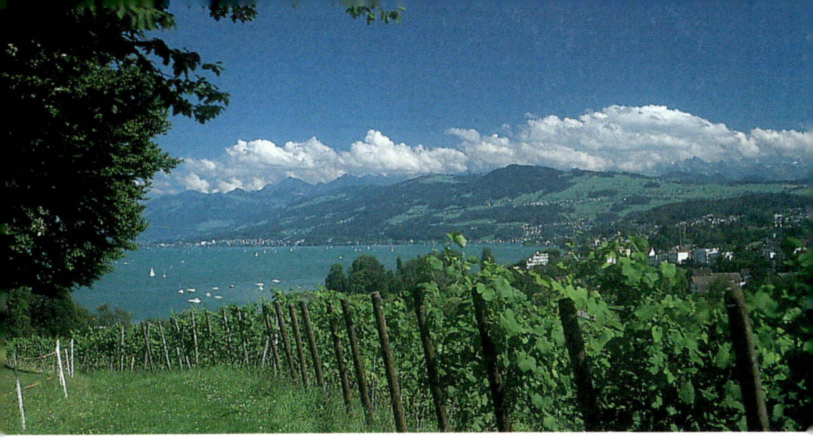

In den Weinbergen der Halbinsel Au.

nach links liegt unter Platanen die Sitzgruppe »**Gottfried-Keller-Plätzli**« **(2)**. Geradeaus gewinnt der Weg über Weiden bald die Anhöhe der **Ruine Alt-Wädenswil (3)**. Vor 1130 erbaut, wurde die einst stolze Zürcher Burg nach der Niederlage in den Kappler Kriegen 1557 auf Verlangen der Schwyzer geschleift.
Von der größten Burgruine der Ostschweiz verläuft der Weg im schattigen Riedholz abwärts nach Wädenswil. Unter den **Rebhängen (4)** des alten Vogteischlosses leitet die Markierung durch Wohngebiete zum **Bahnhof (5)**. Zwischen Gleiskörper und Seegrundstücken bringt ein ruhiges Ufersträßchen weiter Richtung Halbinsel Au. Von der **Station Au (6)** erklimmt rechts ein langer Treppenweg die Anhöhe der sanften Hügelkuppe. Oben, am **Landgasthaus (7)**, liegt dem Besucher der blaue Seespiegel direkt zu Füßen. Wer Zeit hat, bummelt am Ufer zum malerischen **Landschloss Au (8)**. Zurück auf dem Weinlehrpfad an der Station Au bleibt die Wanderroute weiterhin zwischen Bahn und pflanzenreichem Ufersaum und erreicht im Delta des Aabachs **Käpfnach (9)**. Vom 16. Jh. bis 1947 wurde hier Braunkohle abgebaut. Nach dem angrenzenden Strandbad begleitet ein wunderschöner Park das letzte Wegstück an der Autofähre vorbei zum Bahnhof bzw. zur Schifflände in **Horgen (10)**.

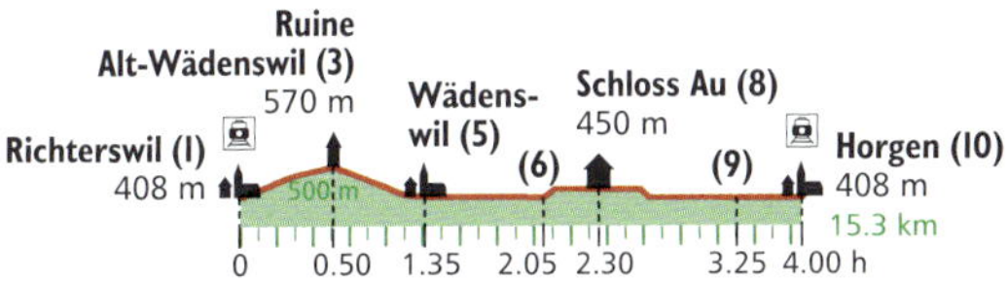

44 Auf den Höhronen

5.00 Std.

Zum südlichsten Punkt im Kanton Zürich

Markant hebt sich der Höhronen durch sein dunkles Waldgrün aus seiner Umgebung ab, ein geografisch interessanter Höhenzug. Er trennt nicht nur Ägerisee, Alptal und Sihltal, sondern auch die Moränenlandschaft des Alpenvorlandes vom bewegten Relief der Voralpen und trägt beim Dreiländerstein den Schnittpunkt der Kantone Zug, Schwyz und Zürich. Schattige Gratwege mit hübschen Aussichtsfenstern, wechselvolle Waldbilder und nette Rastplätze machen die Erwanderung des Höhronen zu einem besonderen Genuss.

Ausgangspunkt: Finsterseebrugg, Parkplätze. Wer mit dem öffentlichen Verkehr (Postauto) anreist, beginnt und beendet die Tour in Finstersee.
Höhenunterschied: 650 m.
Anforderungen: Ausdauer; schattige Wanderung, daher ideal an heißen Sommertagen.
Markierung: Gelbe Wegtafeln.
Einkehr: Gottschalkenberg, Rossberg.
Karte: Wanderkarte Kanton Zürich, Blatt Süd, 1:50.000; LKS 236 T.

Wer direkt aus dem Sihltal starten möchte, findet in **Finsterseebrugg (1)** den passenden Ausgangspunkt. Von der Betonbrücke begleitet man zunächst ein kurzes Stück das Sihlufer, ehe sich die Route zwischen Streuobst-

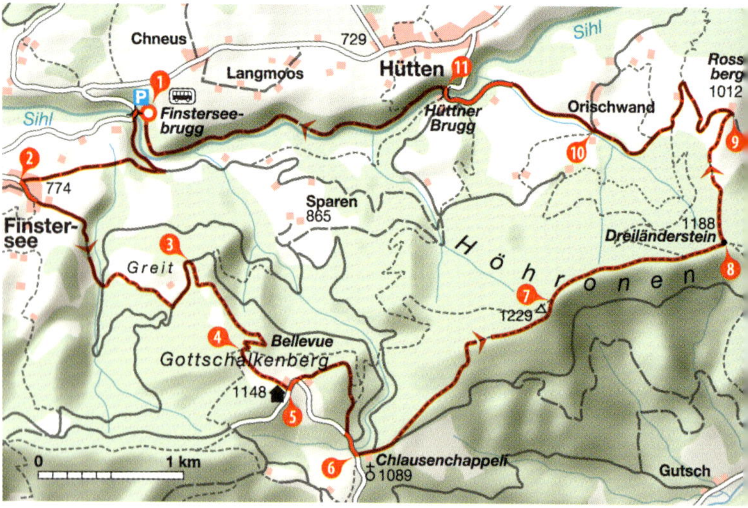

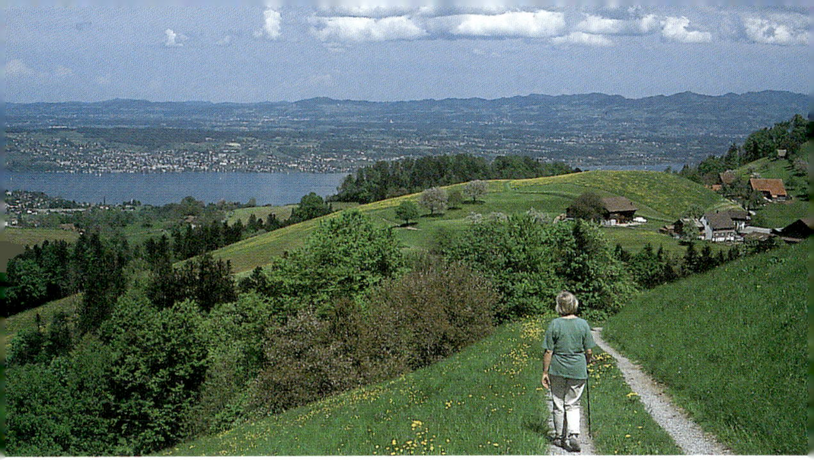

Beim Abstieg vom Höhronen liegt dem Wanderer der Zürichsee zu Füßen.

wiesen hinauf nach **Finstersee (2)** wendet. An der Dorfkirche zeigt der Wegweiser links haltend zur **Alp Greit (3)**. Hier kommt im Rückblick die typische Topografie der Moränenlandschaft bestens zur Geltung. Ein schweißtreibender Fußpfad bezwingt anschließend das Steilstück zur Aussichtskanzel **Bellevue (4)**. Eine sanfte Mulde noch, dann ist das Berggasthaus **Gottschalkenberg (5)**, 1148 m, erreicht. Umgeben von saftigen Wiesen, Tannenwäldern und einem grandiosen Alpenpanorama bildet es ein beliebtes Ausflugsziel. Bereits 1525 wurde die Bergweide nach ihrem damaligen Besitzer »Gottschalchs Berg« genannt.
Nächste Station ist das unscheinbare **Chlausenchappeli (6)**. Von dort gewinnt die Route allmählich den Rücken des **Höhronen (7)**. Am wappengeschmückten **Dreiländerstein (8)**, 1188 m, ist der Wendepunkt der Tour erreicht. Ein enger Wurzelpfad schlängelt sich im Tannenforst steil bergab, bis plötzlich der Wald zurückbleibt und einen herrlichen Tiefblick auf den Zürichsee freigibt. Vom Restaurant **Rossberg (9)** senkt sich die Route via **Orischwand (10)** hinab ins Sihltal, wechselt an der **Hüttner Brugg (11)** das Ufer und folgt dem ruhigen Flusslauf abwärts bis **Finsterseebrugg (1)**.

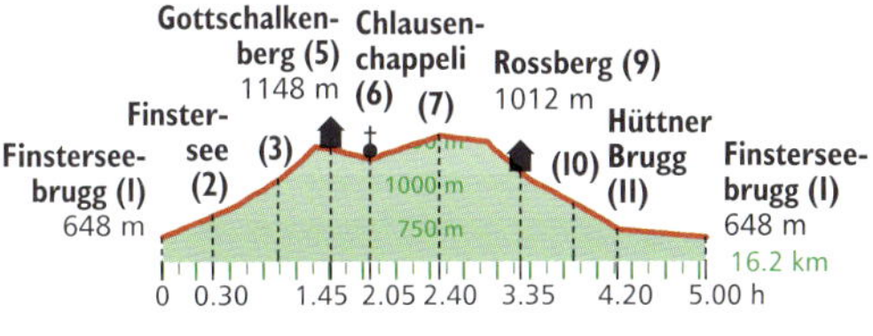

45 Über den Hirzel nach Sihlsprung

4.30 Std.

Durch romantische Fluss- und Moränenlandschaften

Parallel zum Zürichsee strebt die Sihl, aus dem Ybrig-Gebiet kommend, in ihrem engen Talbett der Metropole Zürich entgegen. Die Sihl ist ein stiller, romantischer Fluss, der nur im letzten Stück eine Straße neben sich dulden muss. Charakteristisch sind die zahlreichen Nagelfluhblöcke. Am deutlichsten sichtbar wird das bei Sihlsprung, einer spektakulären Engstelle, bei der das Wasser buchstäblich über Steine springt, dem Höhepunkt dieser Rundwanderung ab Sihlbrugg.

Ausgangspunkt: Ehemalige Station Sihlbrugg, Parkmöglichkeiten. Im Sommerhalbjahr Busverbindung von/nach Horgen (nur Mittwoch, Samstag und Sonntag).
Höhenunterschied: Ca. 400 m.
Anforderungen: Ausdauer.
Markierung: Gelbe Wegtafeln.
Einkehr: Hirzel-Dorf, Sprüermüli.
Karte: Wanderkarte Kanton Zürich, Blatt Süd, 1:50.000; LKS 225 T und 235 T.

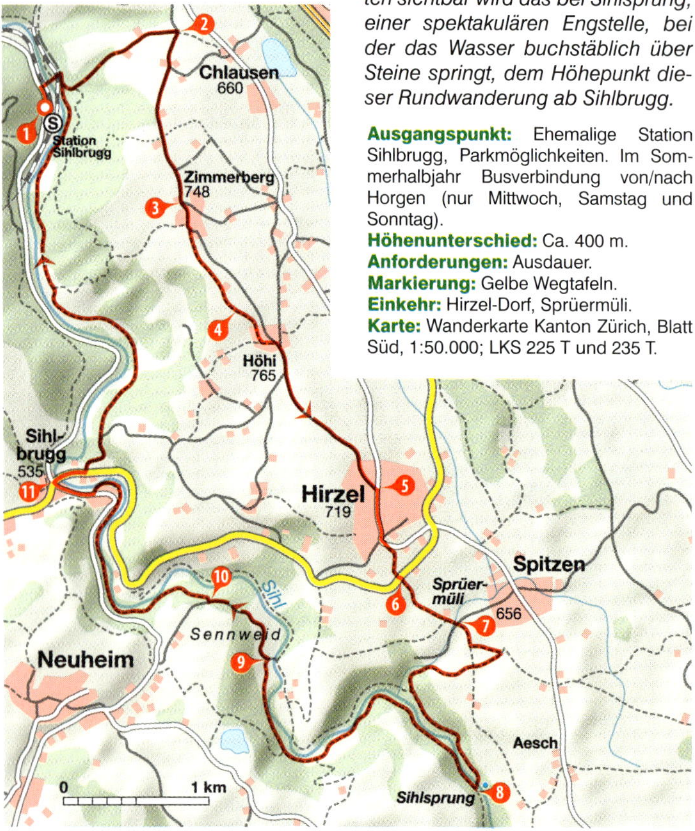

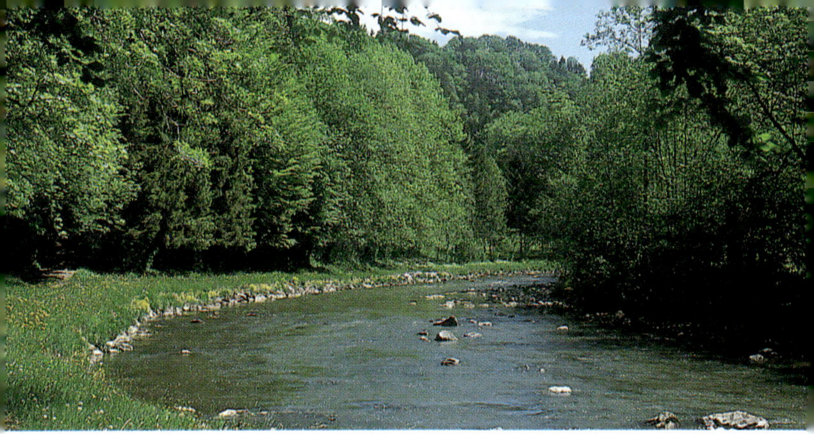

Lauschige Uferwege begleiten den Lauf der Sihl.

Ab der stillgelegten Station **Sihlbrugg (1)** führt nach dem Bahnübergang ein Anstieg im Wald empor Richtung Wüeribach. Am **Wegkreuz (2)** hält man sich rechts bergan zum Weiler **Zimmerberg (3)** und weiter zur **Hirzel-Höhi (4)**, 765 m. Unter einer weit ausladenden Linde erklärt eine Panoramatafel die nette Rundsicht. Sanft senkt sich der Weg jetzt abwärts zur Kirche in **Hirzel-Dorf (5)**, quert die verkehrsreiche **Hirzelstrasse (6)** und verläuft zwischen den typischen, von Einzelbäumen gekrönten Moränenbuckeln nach **Sprüermüli (7)**, einer Gruppe malerischer Riegelhäuser mit Gartenwirtschaft. Wiesenwege und steinige Waldpfade leiten anschließend zur Sihl hinunter. An übermoosten Felsgebilden vorbei schlängelt sich die Route flussaufwärts, bis der Steg bei **Sihlsprung (8)** den Wechsel ans andere Ufer gestattet. Mächtige, von den Steilwänden gestürzte Gesteinsbrocken zwängen hier den Flusslauf ein.
Mit den kleinen Tunnels der sogenannten Sihlgalerien beginnt der Rückweg im stillen Tobelwald des linken Sihlufers. Vor der Holzbrücke **Bubenwaag (9)** wählt man links die Variante über die **Sennweidhöfe (10)** zum Verkehrsknotenpunkt **Sihlbrugg-Dorf (11)**. Dort heißt es erneut, die Seite zu wechseln, um schließlich am rechten Uferweg in sanftem Auf und Ab durch Wald und Wiesen zur ehemaligen Station **Sihlbrugg (1)** zurückzukehren.

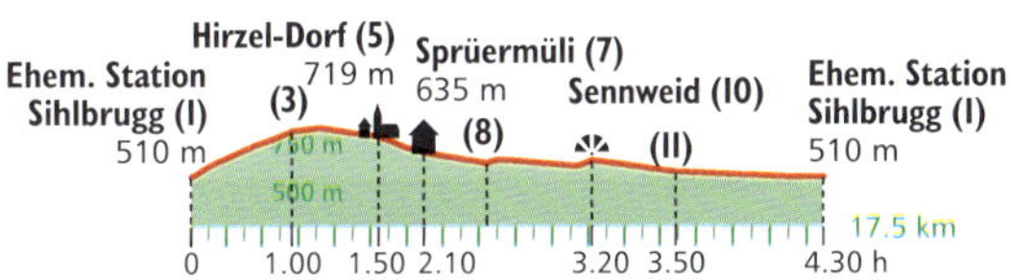

46 Sihlwald und Sihltal

3.40 Std.

Im »Urwald« von Zürich

Unmittelbar vor den Toren Zürichs liegt der größte zusammenhängende Laubmischwald der Schweiz. Jahrhundertelang wurde er intensiv genutzt, ab dem Mittelalter vor allem von der Stadt Zürich. Ein eigens eingesetzter »Sihlherr« überwachte die Holzwirtschaft und die Flößerei auf der Sihl. Seit einiger Zeit bleibt die Landschaft im Schutzgebiet »Sihlwald« zwischen Albis und Sihltal wieder sich selbst überlassen. Ziel ist die Rückentwicklung der Natur in ihren ursprünglichen Zustand. Nur die Wanderwege werden gepflegt, damit Großstädter den einzigartigen Erholungsraum auch weiterhin genießen können.

Ausgangspunkt: Sihlwald, Bahnhof, S 4, Parkplätze.
Höhenunterschied: 400 m.
Anfoderungen: Schattenreiche Route.
Markierung: Gelbe Wegtafeln.

Einkehr: Nur in Sihlwald.
Variante: Bei Rückweg durch das Sihltal 1 Std., 5 km und 200 Hm weniger.
Karte: Wanderkarte Kanton Zürich, Blatt Nord, 1:50.000; LKS 225 T.

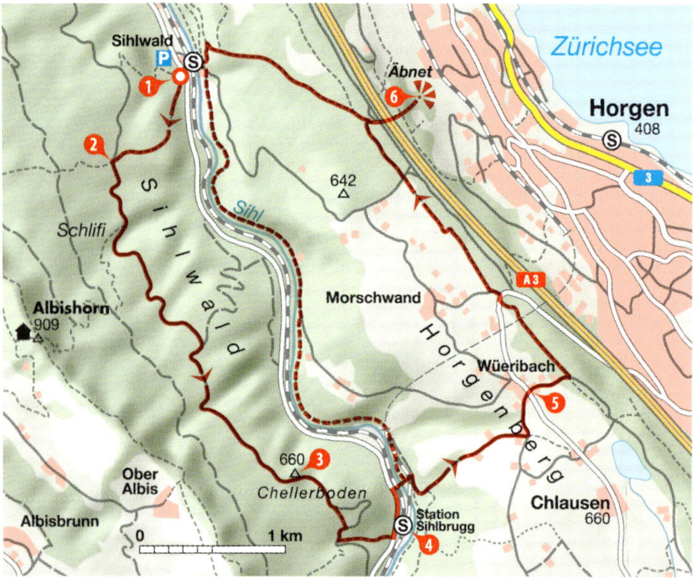

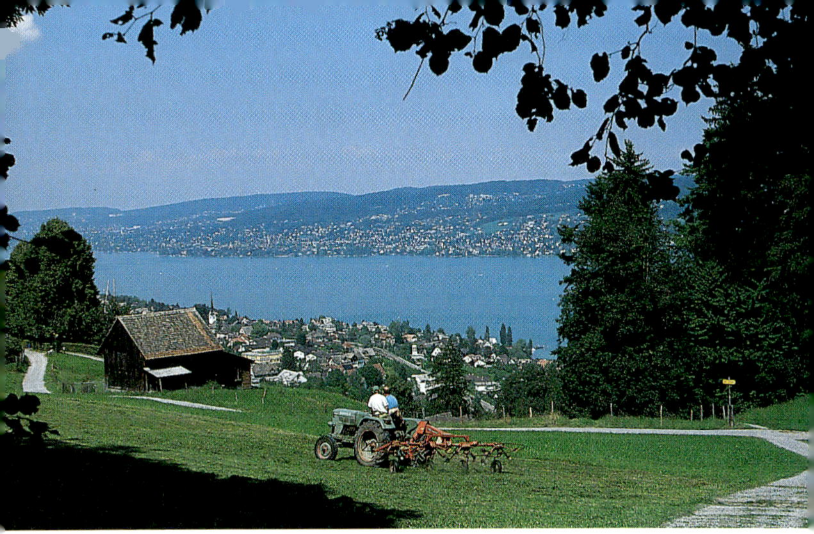

Bilderbuchblick zum Zürichsee: Aussichtspunkt Äbnet.

Tor zum zukünftigen »Urwald« ist die **Station Sihlwald (1)**. Gleich nach dem Holzsteg über die Sihltalstrasse (Richtung Albishorn) tritt der Wanderer ins Schattenreich des Laubdachs ein. Anfangs geht es steil bergan, auf dem sogenannten »Spinnerweg«, dem einstigen Arbeitsweg der Textilarbeiterinnen aus dem Knonauer Amt. Beim Abzweig **Schlifi (2)** führt links ein vielgewundener Pfad horizontal durch die Schluchtwälder zum **Chellerboden (3)** und senkt sich allmählich hinab zur ehemaligen **Station Sihlbrugg (4)**.
Am jenseitigen (östlichen) Sihlufer folgt ein bequemer Fußweg dem romantischen Flusslauf am Hof Schüepenloch vorbei zurück zum Ausgangspunkt. Wer den Bogen jedoch weiter schlagen möchte, wählt ab Sihlbrugg den moderaten Anstieg gegen den besiedelten Zimmerberg bzw. Horgenberg. Oben, hinter dem Weiler **Wüeribach (5)**, bleibt man links Richtung Kilchberg. Später, am großen Wegkreuz, gilt rechts ein Abzweig unter der Autobahn hindurch dem lohnenden Aussichtspunkt **Äbnet (6)**. Wie in einer Bilderbuchlandschaft liegt tief unten zwischen grünen Anhöhen der blaue Zürichsee. Zurück am Wegkreuz führt links die ausgeschilderte Route vorbei am Stumpenhölzlimoos im dichten Hangwald hinunter zur **Station Sihlwald (1)**.

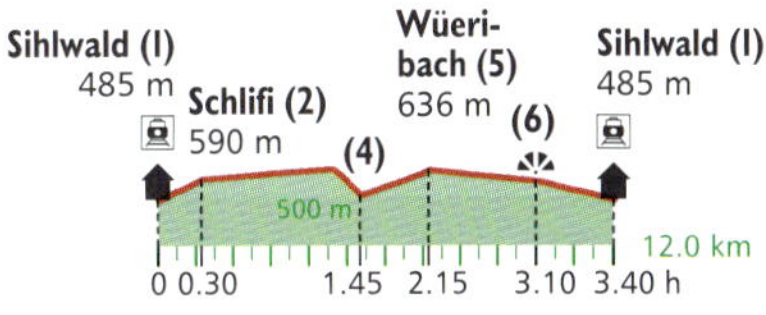

47 Von Kappel auf die Albiskette

4.30 Std.

Wandern auf historischem Boden

In der anmutigen, dem Albis südlich vorgelagerten Ebene liegt weithin sichtbar das ehemalige Zisterzienserkloster Kappel. Durch den wuchtig-schlichten Baustil erzeugt besonders die gotische Kirche den Eindruck monumentaler Würde. Stifter des Klosters waren 1185 die Herren von Schnabelburg. Heute dient es als Stätte der Besinnung. Geschichtsbekannt sind die beiden Kappeler Schlachten 1529 und 1531 zwischen den reformierten und den katholischen Ständen. Die Wanderung von Kappel zum Albisgrat berührt zwei historische Stätten aus dieser Zeit.

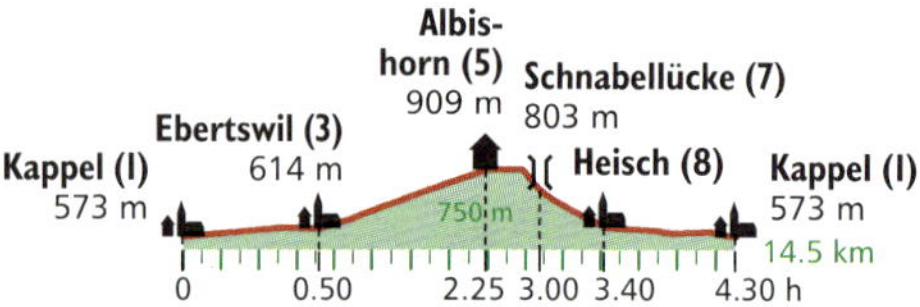

Ausgangspunkt: Kappel, Postauto, am Kloster Parkmöglichkeiten.
Höhenunterschied: 500 m.
Markierung: Gelbe Wegtafeln.

Anforderungen: Ausdauer.
Einkehr: Ebertswil, Albishorn.
Karte: Wanderkarte Kanton Zürich, Blatt Süd, 1:50.000; LKS 225 T.

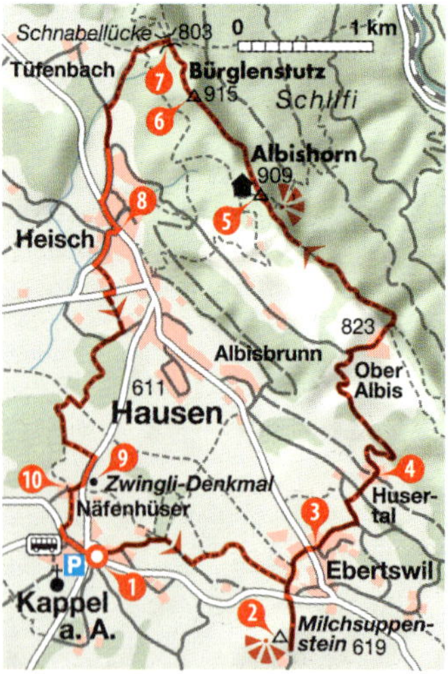

Man verlässt das **Kloster Kappel (1)** ostwärts und bummelt über einen Rücken zum Dorfrand von Ebertswil. Dort zeigt ein Schild links hinab zum **Aussichtspunkt Milchsuppenstein (2)**, 619 m. Der Gedenkstein trägt die Jahreszahl 1529 und erinnert an eine Episode aus dem ersten Kappeler Krieg, nach der sich an dieser Stelle die verfeindeten Truppen gemeinsam aus derselben Suppenschüssel gestärkt haben sollen. Die Milch zu der legendären Suppenmahlzeit kam von den katholischen Zugern, das Brot von den reformierten Zürchern. Zurück in **Ebertswil (3)** wendet sich der Weg nordwärts, passiert den abgelegenen Weiler **Husertal (4)** und steigt zwischen Blumenwiesen gegen den schmalen Albisgrat empor. Links am lauschigen Kammweg ist es nicht mehr weit zum Gasthaus auf dem **Albishorn (5)**, 909 m. Wer sich sattgesehen hat am herrlichen Panorama, bewältigt das raue Stück empor zum **Bürglenstutz (6)**, mit 915 m höchster Punkt der Albiskette. Im Zickzack geht es abwärts in die **Schnabellücke (7)**, aus der links ein Wurzelpfad Richtung Rifferswil abbiegt. An der nächsten Verzweigung benutzt man links den unbeschilderten Waldrandweg nach **Heisch (8)**, folgt dort zunächst der Ausschilderung Richtung Hausen, gelangt durch das Huserholz zum Mühlibach und erreicht links haltend das **Zwingli-Denkmal (9)**. Der mächtige Granitfindling unter uralten Linden markiert jene Stelle, an der der Reformator Ulrich Zwingli in der zweiten Schlacht von Kappel 1531 sein Leben ließ. Durch das nahe **Näfenhüser (10)** mit seinen stattlichen Riegelbauten führt der Weg kurz darauf wieder zum **Kloster Kappel (1)**.

Frühlingsstimmung im Anstieg zum Albishorn.

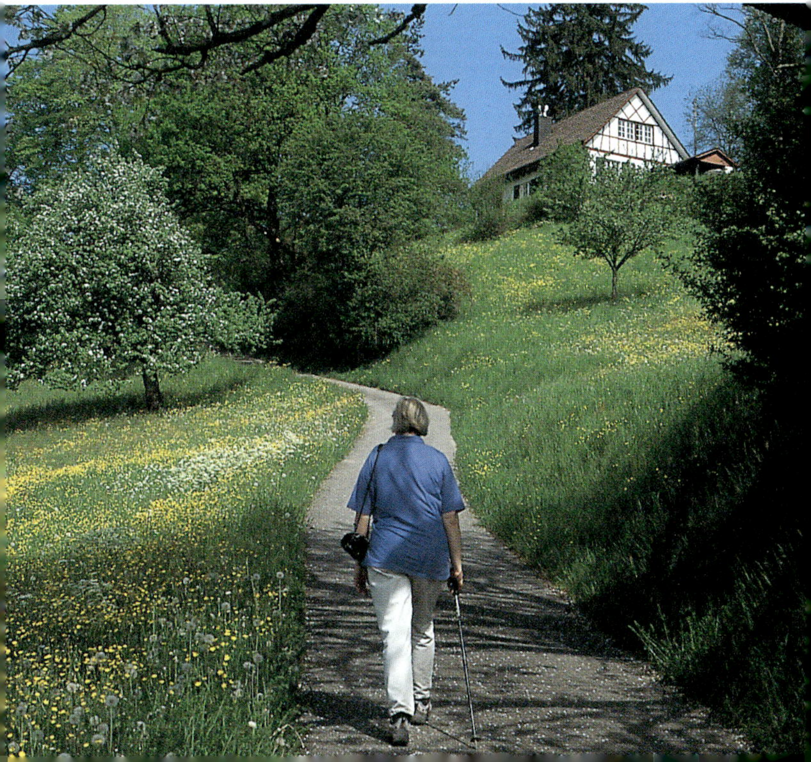

48 Türlersee und Paradies

3.00 Std.

Ein Wandertag im Knonauer Amt

Durch die Albiskette scharf abgetrennt vom übrigen Züribiet bildet das Knonauer Amt den westlichsten Zipfel des Kantons Zürich. Lange Zeit bestand die einzige Verbindung zur Stadt nur über den Albispass. Damit blieb eine industrielle Entwicklung wie im benachbarten Limmattal aus. Weil stattdessen Ackerbau und Schweinezucht zur Lebensgrundlage wurden, erhielt die Region den Beinamen »Säuliamt«. Wanderungen im sanfthügeligen Knonauer Amt sind Mußestunden. Sehr schön verdeutlicht dies eine Rundtour im Gebiet des Türlersees, des blauen Juwels der Region. Entstanden ist er durch einen natürlichen Damm, mit dem ein nacheiszeitlicher Erdrutsch vom benachbarten Aeugstberg das obere Reppischtal anstaute. Besonders Angler und Badefreunde zieht es zu dem malerisch zwischen den Waldhängen eingebetteten Gewässer.

Ausgangspunkt: Türlen; Postauto.
Höhenunterschied: 200 m.
Anforderungen: Einfache Wanderung.
Markierung: Gelbe Wegtafeln.
Einkehr: Unter-Rifferswil, Aeugst.
Hinweis: Badesachen nicht vergessen.
Karte: Wanderkarte Kanton Zürich, Blatt Nord, 1:50.000; LKS 225 T.

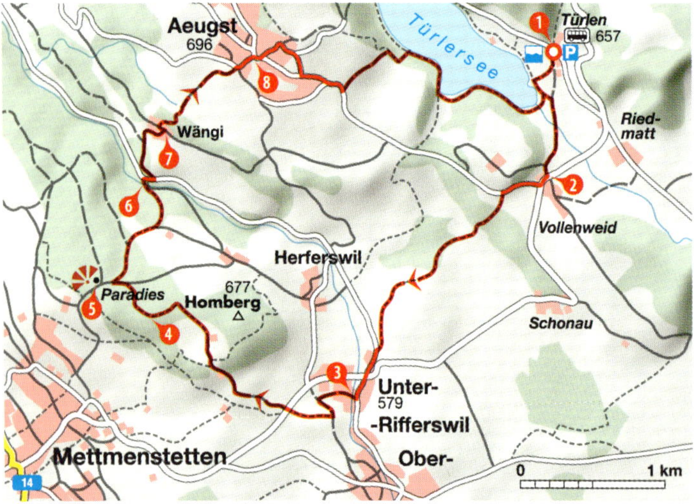

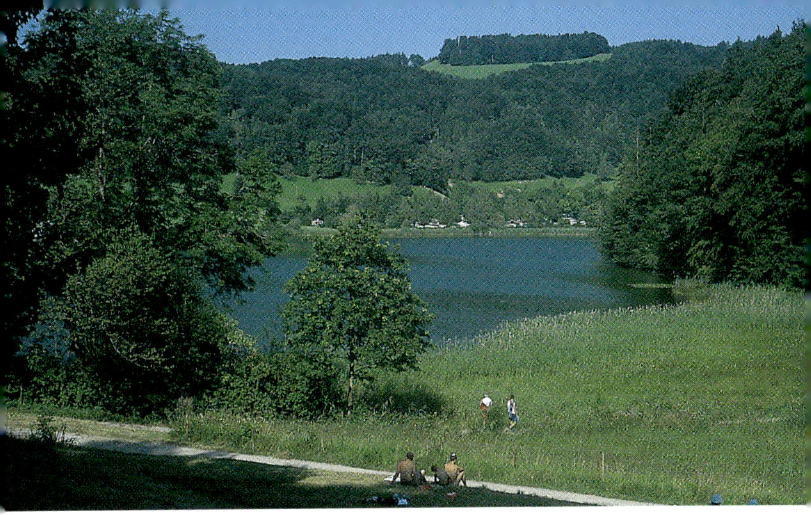

Eingebettet zwischen Waldbergen: der Türlersee.

Von **Türlen (1)** weisen beim Strandbad die gelben Wegzeichen im Weidegelände nach **Vollenweid (2)**, leiten dort rechts zum Wald, benützen links den lauschigen Hohlweg und senken sich hinab in die weite Talmulde von **Unter-Rifferswil (3)**. Am südlichen Dorfrand wendet sich der Weg rechts einem ausgeprägten Geländerücken zu, passiert leuchtende Blumenwiesen, kreuzt eine Straße und nimmt den moderaten Anstieg zum bewaldeten **Homberg (4)**. Nach einem kurzen Abstecher links tritt der Wald zurück – und man steht im **Paradies (5)**. Trefflicher könnte der Name für den bekannten Aussichtspunkt oberhalb von Mettmenstetten kaum lauten, schaut man doch über die buntgefleckte Reusstalsenke bis weit hinein in die Bergwelt der Innerschweiz. Das ehemalige Kurhaus auf diesem bevorzugten Platz beherbergt seit längerer Zeit ein Kinderheim.

Vom Homberg geht es später auf einem abschüssigen Steinpfad hinunter ins idyllische **Jonental (6)** und wieder aufwärts nach **Wängi (7)**. Von dem winzigen Weiler, der bereits 1432 als »Wängibad« erwähnt wurde, verläuft die Wanderung durch Streuobstwiesen bis **Aeugst (8)**, durchmisst das Dorf aufwärts zu den Sportanlagen und steigt auf einem Treppenweg steil hinab gegen den Türlersee. Rechts führt der stimmungsvolle Uferpfad nach **Türlen (1)** zurück.

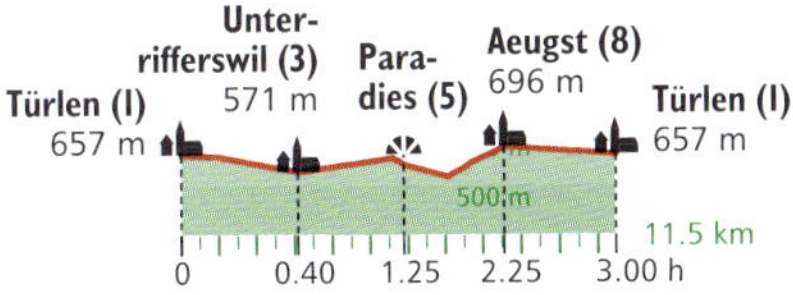

49 Von Bremgarten zum Egelsee

5.30 Std.

Historisches und Geologisches

Zwischen der aargauischen Reuss und dem Zürcher Limmattal erstreckt sich der aussichtsreiche Heitersberg. Dicht unterhalb seiner Kammhöhe ruht der verträumte Egelsee, an dem die Wege aus allen Richtungen zusammenlaufen. Besonders reizvoll ist der Zugang von Bremgarten. Bereits 1256 urkundlich erwähnt, hat Bremgarten bis heute seine mittelalterliche Bausubstanz bewahrt. Bemerkenswert ist sein geschlossener, fast ringsum von der Reuss eingeschnürter Altstadtkern.

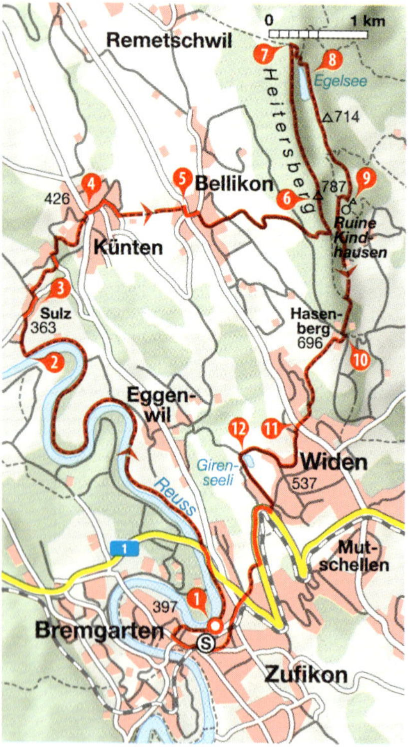

Ausgangspunkt: Bahnhof Bremgarten.
Höhenunterschied: 450 m.
Anforderungen: Ausdauer ist erforderlich.
Markierung: Gelbe Wegtafeln.
Einkehr: Sulz, Bellikon, Hasenberg, Widen.
Karte: Jura-Wanderkarte, Blatt 1 Aargau – Lägeren – Bözberg, 1:50.000; LKS 225 T.

Treppen bringen den Wanderer aus der malerisch verwinkelten Oberstadt von **Bremgarten (1)** hinab zur Reuss. Unten folgt ein bequemer Uferweg den Flusswindungen, bis beim **Fähranleger (2)** rechts der eigentliche Anstieg gegen Heitersberg abzweigt. Via **Sulz (3)**, **Künten (4)** und **Bellikon (5)** geht es im schattenlosen Grünland stetig empor. Wenn der Weg in den Wald eintaucht, ist es nicht mehr weit bis zur **Heitersberghöhe (6)**. Links zieht ein schmaler Wurzelpfad am aussichtsreichen Gipfelpunkt, 787 m, vorbei zum Wegknoten **Widenhau (7)**. Rechts unterhalb erstreckt sich in einem Sackungstälchen (ein

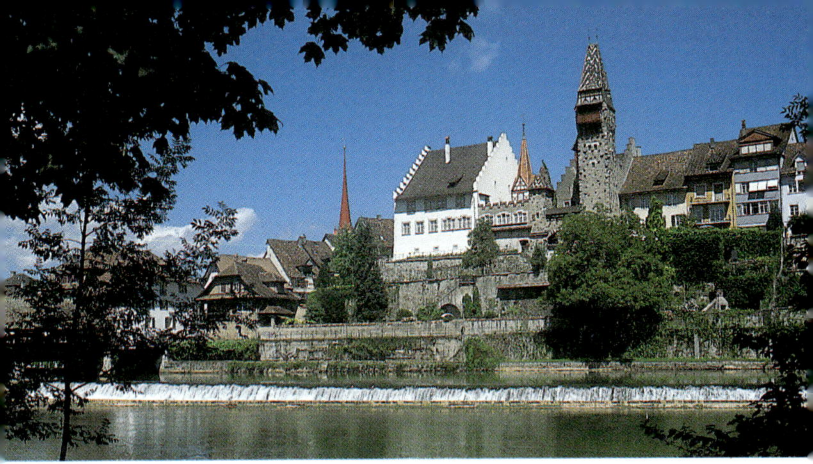

Der schlanke Spitalturm beherrscht die Stadtansicht von Bremgarten.

durch Bodenabsackung entstandenes Trogtal) der zauberhafte **Egelsee (8)**. Informationstafeln erklären die Entstehung dieses ungewöhnlichen Seekessels. Eine seltene Pflanzen- und Tierwelt lebt an seinen Ufern. Durch strenge Naturschutzverordnungen ist dieses landschaftliche Kleinod zwar geschützt, doch durch natürliche Prozesse verlandet dieses stille Gewässer unaufhaltsam. Durch das anschließende Ried verlässt die Wanderroute das Trogtal und nimmt hinter der Schutzhütte Kurs auf die **Ruine Kindhausen (9)**. Steile Serpentinen führen zuletzt zu den Mauerresten am bewaldeten Grat. Der Chronik zufolge soll die um 1200 erbaute Burg 1353 von Zürcher Truppen zerstört worden sein. Nächstes Etappenziel ist zurück auf dem Hauptwanderweg (und an dem 2021 erbauten Aussichtsturm vorbei) das **Restaurant Hasenberg (10)**. Trotz bescheidener Höhe, 696 m, bietet sich dank der zentralen Lage eine herrliche Aussicht bis in den Jura und zur Alpenkette. Besonders gut kommt der Uetliberg (Tour 50) zur Geltung. Von der 1843 erbauten St.-Antonius-Kapelle weist die Markierung durchs Michelholz abwärts in die Wohnsiedlung **Widen (11)**, passiert das idyllische **Girenseeli (12)**, kreuzt zweimal die Hauptstraße und trifft schließlich auf dem Zürichweg wieder in **Bremgarten (1)** ein.

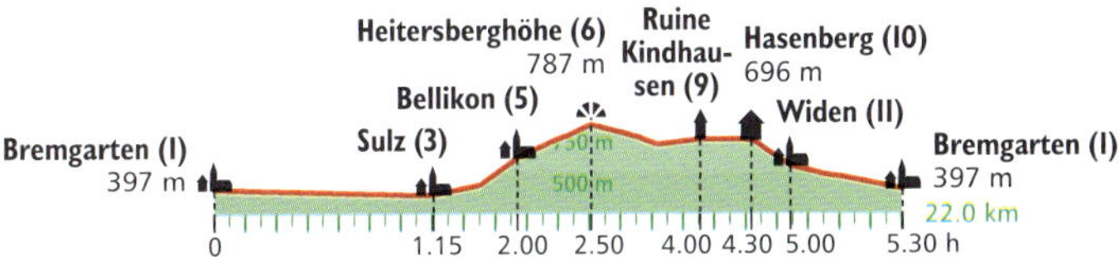

TOP 50 Über Uetliberg und Albiskette

5.15 Std

Zum Hausberg der Zürcher

Der Uetliberg dicht über der Stadt ist der eigentliche Zürcher Hausberg. Es gibt unzählige Möglichkeiten, zu der markant aufgewölbten Gipfelkuppe zu gelangen. Wer es bequem mag, folgt dem ehemaligen Slogan der Uetlibergbahn (»Nimm's gemüetli uf de Üetli«) und fährt mit der S-Bahn-Linie 10 zum Uetliberg. Romantiker benutzen ab Tramstation Albisgüetli (Linie 13) den sogenannten Laternenweg.

Ausgangspunkt: Triemli, Tram-Linie 14 und 9, S 10.
Endpunkt: Bahnhof Sihlwald, S 4.
Höhenunterschied: 700 m.
Anforderungen: Ausdauer.

Markierung: Gelbe Wegweiser.
Einkehr: Uetliberg-Kulm, Uto-Stafel, Felsenegg, Buechenegg, Albispass.
Karte: Wanderkarte Kanton Zürich, Blatt Süd, 1:50.000; LKS 225 T.

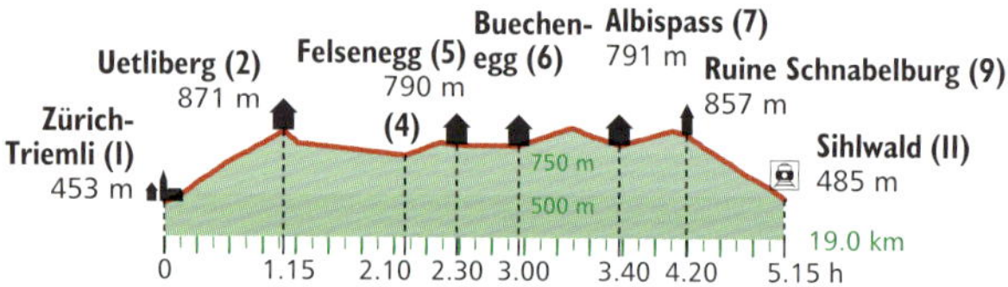

Uetliberg über Zürich: Blick auf die Stadt und den Zürichsee.

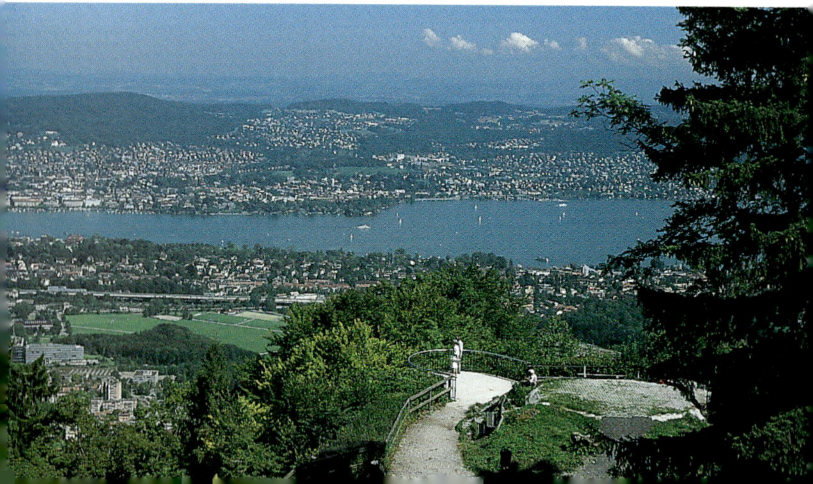

Für die Überschreitung empfiehlt sich der Aufstieg ab **Triemli (1)**. Von der Tramstation benutzt man den Hohenstein-Weg zur S-Bahn-Station und bleibt geradeaus auf dem Wanderweg, der in vielen Kehren zur Kammhöhe bringt. Das treppenreiche Gratwegli bewältigt das letzte Stück zum Kulmhotel, 871 m. Von dem **Aussichtsturm (2)** bietet sich ein grandioser Ausblick auf das Häusermeer der Stadt, den See und die Alpenkette. Ein Treppensteig führt vom Kulm steil hinab zum Berghaus **Uto-Stafel (3)**, dann durch Wald und Wiesen zum ehemaligen Gasthaus **Balderen (4)**. Das nächste Etappenziel heißt **Felsenegg (5)**, wo See und Stadt noch besser zur Geltung kommen. Weitere Stationen am Kammweg sind der Weiler **Buechenegg (6)**, der Flugwetterdienstturm sowie Restaurants am breiten **Albispass (7)**, 791 m. Im weiteren Verlauf steigt man empor zum Aussichtsturm auf der **Schnabel-Hochwacht (8)**, 879 m. Hinter der Hochwacht gilt ein erneuter (unmarkierter) Steilaufschwung dem Schlossberg mit der **Ruine Schnabelburg (9)**. Die Habsburger ließen 1309 die Burg der Eschenbacher Ritter zerstören. Aus der anschließenden **Schnabellücke (10)** bringt links ein viel begangener Weg durch Buchenwälder zur S-Bahn-Station **Sihlwald (11)**.

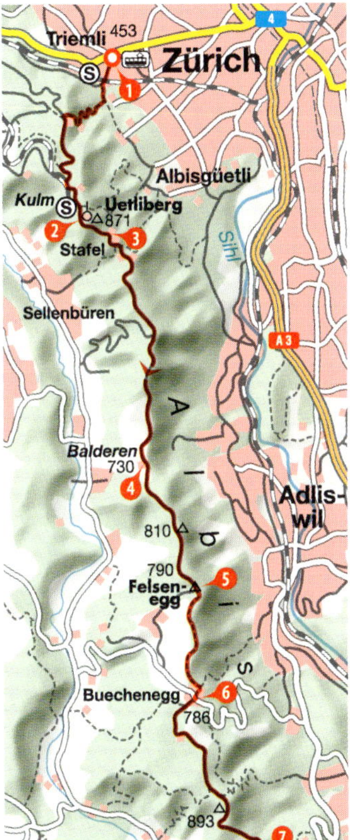

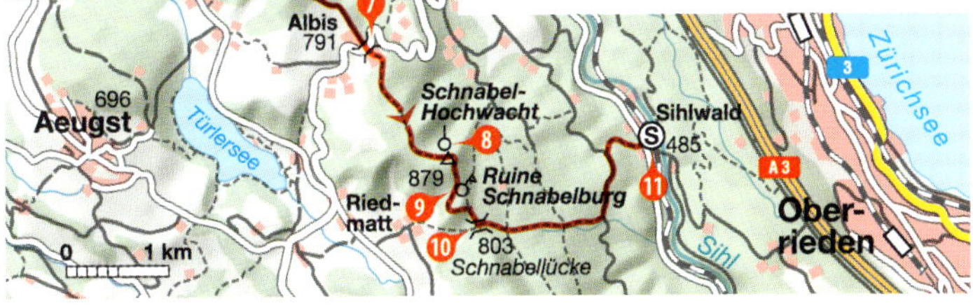

Stichwortverzeichnis

Umschlagbild:
Zindlenspitz (rechts), Rossalpelispitz und Brünnelistock über dem Wägitalersee.

Bild im Innentitel (Seite 1):
Herbststimmung im Oberurnertal.

Bild Frontispiz (Seite 2):
Glärnischmassiv über dem Klöntaler See.

Alle 83 Fotos von Ulrich Tubbesing.

Kartografie:
50 Wanderkärtchen im Maßstab 1:50.000, 1:75.000 und 1:100.000
www.rolle-kartografie.de,
zwei Übersichtskarten im Maßstab 1:450.000 und 1:800.000
© Freytag & Berndt, Wien.

7., aktualisierte Auflage 2022

ISBN 978-3-7633-4057-6

FSC www.fsc.org
MIX
Papier aus verantwortungsvollen Quellen
FSC® C021956

Wir freuen uns über jeden Korrekturhinweis zu diesem Wanderführer!
Bitte per E-Mail an: leserzuschrift@rother.de

ROTHER BERGVERLAG · München
D-82041 Oberhaching · Keltenring 17 · Tel. +49 89 608669-0 · www.rother.de